전사하 김신구 오경환 박군오 박한별

현대선교신학의 주요 용어들 2

Planters'

오늘날에 이르기까지 선교신학이 정립한 선교의 개념은 그 스펙트럼이 굉장히 넓다. 하나님의 구속 범위를 일상적이고 보편적인 차원에서 우주적인 차원까지 확장하고 있기 때문이다. 그러나 실제 선교신학을 포함한 모든 학문은 지구상의 인간이 다루는 것이므로 우주적 확장 담론을 구체화하거나 실현하기에는 추상적 한계를 벗어날 수 없다. 그럼에도 하나님의 구속 범위를 우주적으로 확장할 신학적 근거는 삼위일체 하나님께서 온 우주의 창조주이시라는 성경의 증언과 기독교 복음의 신앙고백 때문이다. 비록 방법론적 한계를 가진 인간이 하나님의 우주적 구속까지 섬세하게 다루면서 선교적 구현을 위한 실질적 힘을 쏟는다는 것은 사회과학과 문명의 힘을 빌려야 하지만, 아직 현대는 우주의 영역에 관여할 충분한 힘을 소유하지 않은 상태이기에 우주 구속 담론은 여전히 신비한 베일에 싸여있다.

그럼에도 불구하고 현대선교신학이 하나님의 구속적·선교신학적 선교 개념의 스펙트럼을 무한대로 확장할 근본 이유는 삼위일체 하나님 선교의 궁극적인 목적, 곧 '하나님 나라'(the kingdom of God) 때문이다. 온 우주가 성부·성자·성령 하나님께로부터 났으니 창조주의 주권이 미치는 나라 또한 지구를 넘어 온 우주다. 이런 차원에서 현대선교신학은 우주적이면서 보편적 구속의 선교 개념을 전 지구적으로 확장하고 구현하기 위해 힘쓰는 중이다.

물론 언급한 것처럼 우주적 구속을 주장하면서도 현대 문명의 발전과 하나님 나라 실현을 위한 수단 그리고 힘의 수준을 고려할 때 인간의 최대 확장은 지구를 넘어서기에 분명한 한계가 있어 보인다. 그런데 이 말은 불완전한 인간에게서 난 신학적 한계를 말하려는 것이 아니라 이런 상황에도 하나님의 주권적 나라를 위한 현대선교신학의 열정과 몸부림이 이뤄낸 의의임을 말하려는 것이다. 더불어 오랜 과정을 거쳐 발전한 만큼 넓은 의미의 선교 개념은 기독교 공동체의 선교적 책임과 의무에 부담을 지우려는 것이 아니라 하나님의 주권을 중요하게 여겨 그 나라의 힘을 확장하는 신학적 작업으로 이해하는 것이 적절하다.

달리 말하면, 하나님의 선교를 확장할 새로운 영역이 앞으로도 계속 등장하겠지만, 이는 지구 안에서의 일일 가능성이 높다는 뜻이기도 하다. 지구 밖, 곧 초월적 구속 범위에 대한 선교적 확장까지는 아니더라도 그만큼 현대선교신학은 하나님의 선교 개념을 보수적·전통적 정점으로 이해되었던 예수 그리스도 중심의 협의적 이해에만 가두지 않는다. 보다 근본적이고 본질적으로, 더 깊고 광활하게 다루려 한다. 이는 현대선교신학의 논의와 흐름이 삼위일체 하나님의 나라와 주권을 계속 강조하고 있다는 말이다. 따라서 오늘날까지 발전하여 정립된 현대 선교는 총체적이다. 더는 복음의 명령과 그것에서 파생되는 모든 과업, 그리고 현상을 배제·양분하거나 충돌 상황에 두지 않는다. 오히려 현대선교신학은 복음의 온전한 이해를 위해 통합적 렌즈를 사용 중이고, 이를 통해 선교의 통전성을 강조하는 분위기다.

따라서 모든 시대 문화를 초월하여 기독교 공동체에 중요한 것은 성경 속 핵심 키워드를 찾아내어 유기적으로 연결하여 성경 전체를 읽는 것이다. 곧 신앙의 올바름을 위해서는 성경의 해석학적 방법이 매우 중요하다. 이는 어떤 렌즈로 보느냐에 따라 하나님의 근본 뜻과 소망을 보다 정확히 이해할 수 있을 뿐만 아니라 이를 친히 이루어 가시는 하나님의 모습을 통해 그분의 공동체가 어떤 방식으로 존재하고, 기능해야 할지를 탐구·적용하는 것이다.

이런 차원에서 『현대선교신학의 주요 용어들』 I권이 언어, 행위, 일터, 환대, 변혁, 생태 등 그리스도인과 교회의 외현적 실현 영역에 초점을 맞추었다면, 이번에 출간한 II권은 실천의 바탕을 이루는 신학적 기초와 존재론적 방식에 집중하였다. 곧 성경 전체의 핵심 키워드를 '하나님 나라'라고 보고 모든 장을 하나님의 선교적 관점에서 이끌어간다. 그래서 본서는 하나님의 선교로 인도하는 해석학적 기초, 궁극 목적, 근원적 주체, 중심적 실현 방식, 그것의 참 의미에 해당하는 다섯 가지 주요 용어를 심층적으로 설명하고 소개한다. 다시 말해, 성경을 읽는 올바른 방법으로 선교적 해석학이란 무엇인지, 선교의 비전인 하나님 나라는 무엇이며, 이를 위한 현 시대의 문화적 구현은 어떠해야 하는지, 그 주체가 교회가 아닌 삼위일체 하나님이시라는 하나님의 선교 개념은 어떠한 발전 과정을 거쳐 오늘에 이르렀는지, 예수 그리스도의 성육신에 나타난 '함께 머무는' 선교 방식은 무엇이며, 이를 본받아 복음을 증명하는 방식은 어떠해야 하는지, 나아가 이러한 이해처럼 현대선교신학이 정립한 선교의 온전한 의미는 무엇인지를 차근차근 다룬다. 전반적인 이해를 위해 각 장 내용을 간략히 소개하면 다음과 같다.

1장 신학적 기초, 선교적 해석학의 이해와 확장

전사하 박사는 '선교적 해석학'의 일반적인 방법론을 살피면서 성경 전체를 하나님의 선교 이야기로 읽고 교회의 정체성과 사명을 형성해 온 주요 학자들의 논의를 검토한다. 특히 라이트, 구더, 고힌, 바람, 브라운슨 등의 연구를 통해 선교적 해석학이 선교의 관점에서 성경을 읽는 해석학적 열쇠로 발전해 온 과정임을 설명한다. 나아가 이러한 방법론적 이해를 넘어 해석자와 공동체의 존재론적·윤리적 전환을 요청하는 신학적 실천으로 선교적 해석학을 확장한다. 따라서 '선교적'이라는 용어는 행위를 넘어 존재의 방식이며, 해석자의 정체성과 태도를 규정하는 신학적 언어로서, 이해되어야 함을 설명한다. 이를 위해 하르텐슈타인과 호켄다이크의 하나님의 선교에 대한 급진적인 논의가 제시된다. 이러한 배경에서 1장은 타자성, 다양성, 탈본질주의를 선교적 해석학의 세 축으로 제시하고, 선교적 해석학이 경계를 넘어 타자와 세계 속에서 하나님의 선교에 응답하는, 살아 있는 존재의 신학이 되어야 함을 제안한다.

2장 선교의 목적, 하나님 나라

김신구 박사는 성경 전체를 관통하는 하나님 나라 개념의 신학적 의미와 선교적 함의를 재조명한다. 선지자적 전통과 예수 그리스도의 메시아적 가르침, 종말론적 긴장을 축으로 하나님 나라 복음이 현대선교신학적으로 어떻게 이해되고 실천되어야 하는지를 논한다. 김 박사는 성경신학적 관점에서 하나님 나라는 구약의 선지자적 기대가 그리스도의 성육신과 십자가, 부활을 통해 성취된 구속의 질서이자 영적 구원과 사회적 변혁을 통합하는 통전적 비전이라고 주장한다. 한편, 하나님 나라에 대한 이해는 두 전통으로 크게 나뉜다. 하나는 복음주의(로잔) 전통으로 복음 선포와 그리스도의 몸인 교회의 성장에 초점을 두는 것이고, 다른 하나는 에큐메니컬 전통으로 정의·평화·창조 질서의 보전을 위해 세상 악에 대항하는 구조적 회복을 강조하는 것이다. 물론 두 전통은 하나님 주권의 통치와 선교적 공동체라는 신학적 중심을 공유하면서도 선교의 접근 방식과 강조점에서 차이를 보인다. 복음주의가 '오는 구조'의 총체적 선교에 집중한다면, 에큐메니컬은 '가는 구조'의 통전적 선교에 무게를 둔다는 점이다. 이러한 차이는 미묘하지만, 어느 한쪽으로 치우치면 균형을 잃을 위험이 있다. 따라서 2장은 하나님 나라 복음의 온전한 실현을 위해 두 진영 간의 균형적 통합과 상호 보완적 실천이 절실함을 제언한다. 나아가 하나님 나라 복음이 오늘날 교회와 세상에서 구체적으로 구현될 지점을 다섯 영역, 곧 공적 영역(탈성장/대안 경제), 정의의 영역(해방/정치신학), 이주민 선교 영역(디아스포라), 디지털 영역, 그리고 생명 영역(생태 위기)으로 선별하여 제시한다. 결론적으로 이 장은 세상 모든 곳으로 파송된 선교적 존재인 교회가 하나님 나라 복음의 총체적 가치를 실현해야 함을 주장한다.

3장 선교의 주체, 하나님의 선교

오경환 박사는 선교의 본질을 교회의 활동이 아닌 하나님의 본성에서 규명하는 '하나님의 선교'(*Missio Dei*)의 신학적 의미를 성경과 현대선교신학의 관점에서 고찰한다. 글의 출발점은 "선교란 무엇인가"라는 질문으로, 구약과 신약 전체에 흐르는 '보냄'(sending)의 모티프를 통해 선교의 주체가 삼위일체 하나님임을 밝힌다. 구약에서 하나님은 아브라함, 이스라엘, 다윗을 보내심으로 열방을 향한 구속의 역사를 전개하셨고, 신약에서는 성부의 파송을 받은 성자 예수 그리스도와 성령의 임재를 통해 그 사역이 완성된다. 이러한 삼위일체적 선교 구조는 제자 공동체의 파송으로 이어지며, 교회는 하나님의 선교에 동참하도록 부름을 받은 존재임을 드러낸다. 또한 이 글은 20세기 국제선교협의회 빌링겐 대회를 기점으로 정립된 *Missio Dei* 개념의 발전사를 추적한다. 말하자면, 칼 바르트와 칼 하르텐슈타인은 선교의 기원을 하나님의 삼위일체적 파송에서 찾았으며, 호켄다이크는 '하나님-세상-교회'라는 새로운 패러다임을 제시하여 교회의 역할을 세상 속으로 확장하였다. 반면, 복음주의 진영은 존 스토트와 크리스토퍼 라이트를 중심으로 복음 전도와 사회적 책임을 통합한 총체적 선교(Integral Mission)를 제시하였다. 결론적으로 '하나님의 선교'는 교회의 한 사역이 아니라 삼위일체 하나님의 구원 행위 전체를 의미하며, 교회는 이 선교의 도구로 세상 가운데 파송된 공동체임을 역설한다. 따라서 오늘날의 교회는 하나님 나라의 정의와 평화, 구원의 실현에 참여하는 사명적 존재로 자신을 새롭게 인식해야 한다.

4장 선교의 방식, 예수 그리스도의 삶과 임재 - 성육신

박군오 박사는 성육신(incarnation)을 주제로, 하나님의 선교(*Missio Dei*)가 세상 속에서 실현되는 방식과 신학적 실천을 탐구한다. 성육신은 단순히 교리적 개념만이 아니라 하나님께서 인간의 현실 속으로 스스로 들어오신 구속사적 행위이자 자기 뜻을 '존재'로 증언하신 사건이다. 이러한 맥락에서 예

수 그리스도의 삶은 하나님 나라의 말씀을 '살아낸 복음'이며, 그분의 선교
는 단순한 전달을 넘어 임재, 명령이 아닌 동행, 지배가 아닌 섬김이라는 성
육신적 원리(임재, 참여, 비움, 동행, 연대)를 통해 구현되었음을 논증한다. 특히
성육신은 그리스도가 신적 특권을 포기하고 인간의 자리로 내려오신 자기
비움(케노시스, kenosis)의 절정으로서 하나님 나라가 겸손과 섬김으로 확장되
는 윤리적 표준이자 모든 선교의 원형으로 제시된다. 곧 이 사건은 삼위일체
적 파송(missio trinitatis)이라는 구조 안에서 하나님의 사랑이 세상 속으로 확
장된 관계적 현존의 정점으로 이해된다. 이에 4장은 성육신적 선교의 의미
와 방향을 성경신학적 이해, 선교신학적 이해, 실천신학적 적용이라는 세 파
트로 나누어 조명한다. 결론적으로 성육신적 선교는 교회의 사명을 "가서
가르치는 선교"(doing for)에서 "함께 머무는 선교"(being with)로 전환할 것을
요청한다. 곧 이 장은 교회가 세상 한가운데에 그리스도의 임재를 삶과 존
재로 밝힘으로써 하나님 나라를 실현하는, 그리스도 방식의 성육신적 공동
체임을 강조한다.

5장 선교의 의미, 세상을 품은 복음을 전하다! 통전적 선교

박한별 목사는 현대선교신학의 선교 개념이 언어를 통한 복음 전도 활
동을 넘어 사회적 책임까지 확장·통합된 '통전적 선교'(Holistic Mission)임을 논
한다. 박 목사는 오랫동안 교회 중심의 선교 활동이 낳은 부작용과 제2차
세계대전 이후 기독교 신뢰도의 하락 등의 배경에서 20세기 중반 하나님의
선교(*Missio Dei*) 개념 등장이 선교의 본질과 영역에 대한 새로운 이해를 요청

　　　　　　　　　　　　　　　　　현대선교신학의 주요 용어들 2

한다고 설명한다. 이에 따라 선교는 개인의 영적 차원을 넘어 문화와 세상의 중요성을 강조하고, 비인간화 현장이 벌어지는 삶의 구체적인 현실까지 참여하게 되었다. 이후 통전적 선교는 복음 전도 활동의 우선성을 주장해 온 복음주의 진영과 사회적 책임 및 변화를 강조해 온 에큐메니컬 진영 간의 오랜 논쟁을 해소하고, 두 진영의 장점을 모두 수용하여 복음 전도와 사회적 책임을 동시에 추구하는 균형적이고 포괄적인 선교의 방식으로 통합하였다. 박 목사는 특히 이런 과정에서 복음주의 진영의 로날드 사이더와 존 스토트 같은 리더들이 예수 그리스도의 균형 잡힌 사역(말씀 선포, 가르침, 치유 및 봉사)을 성경적 근거로 제시하여 사회적 책임의 중요성을 인정하고 통전적 선교를 수용하였음을 소개한다. 결론부에서 이 장은 통전적 선교가 지향하는 구체적인 세 가지 목표, 곧 인간의 온전한 변화(가난 등의 문제를 다차원적으로 이해하고 대처하는), 정의와 창조 세계의 샬롬 구현(뒤틀린 관계를 바로잡는 구제, 개발, 옹호, 화해, 지구 환경 등), 그리고 하나님 나라 복음의 증인(선교를 특정한 일만이 아닌 일상의 삶으로 실천)으로 정리한다. 결론적으로 이 장은 통전적 선교의 태동, 여정, 목표를 살펴봄으로써 변화하는 현실 속에서 선교의 본질을 분명히 하며 대안을 모색하는 선교적 상상력(missional imagination)의 필요성을 강조한다.

이처럼 본서는 신학적 논의와 교회의 실천을 잇는 다리로서 하나님의 선교를 통전적 시각에서 성찰하려는 시도에서 출발하였다. 목적은 현대선교 신학이 지닌 학문적 깊이와 실천적 지향을 통해 교회가 복음을 올바로 이해하고, 하나님 나라의 현재적 실현에 동참하도록 돕는 것이다. 아무쪼록 본서에 실린 다섯 편의 글이 선교의 주체이신 삼위일체 하나님의 간절한 뜻을 이루는 곳에 귀하게 쓰임받기를 바란다. 또 시공간을 초월한 전 지구적 공동체로서 세상 곳곳에서 하나님의 일을 감당하는 모든 교회와 그리스도인에게 큰 도전과 위로, 힘과 소망이 되기를 기원한다. 더불어 본서에 서려 있는 균형 있는 통합적 관점이 하나님 나라와 선교를 향한 여러 학문적·실천적 담론과 활동들에 거룩한 역동성으로 나타나기를 기도한다. 끝으로 여러 사역으로 바쁜 중에도 섬세한 신학적 작업과 학문적 성실로 땀과 수고를 아끼지 않은 다섯 분의 학자에게 진심 어린 감사를 표한다. 이분들의 앞날이 삼위일체 하나님의 원뜻을 위해 귀한 그릇으로 쓰임받기를 바라면서 이 땅의 모든 기독교 공동체와 그리스도인이 하나님 나라를 위해 맡은 사명을 기쁨과 감격, 성실과 인내로 잘 감당하도록 두 손을 모은다.

2026년 3월
역동적 하나님 나라의 구현을 염원하며

책임 편집 **김신구**

선교의 의미, 세상을 품은 복음을 전하다! 통전적 선교 | 박한별　168

선교적 해석학은 경계를 넘어
타자와 세계속에서 하나님의
선교에 응답하는 살아있는 존
재의 신학이 되어야 한다.

제1장

전사하 안양 브니엘 교회 담임, 감리교신학대학교 객원교수, 연세대학교 Ph. D., 선교신학

신학적 기초,
선교적 해석학의 이해와 확장*

---

* 이 글은 2025년 「선교신학」 제79집에 게재된 본인의 논문 "선교적 해석학의 재정의: 세계기독교적 함의를 중심으로"를 바탕으로 수정·보완하여 집필한 것임을 밝힌다.

이 장은 '선교적 해석학'의 일반적인 이해와 방법론을 검토하며, 성경 전체를 하나님의 선교(Missio Dei)의 이야기로 읽고 이 해석학이 공동체와 개인의 정체성과 사명을 형성하기 위함이라고 주장하는 주요 신학자들의 논의를 살펴본다. 크리스토퍼 라이트(Christopher J. H. Wright), 대럴 구더(Darrell L. Guder), 마이클 고힌(Michael W. Goheen), 마이클 바람(Michael D. Barram), 제임스 브라운슨(James V. Brownson) 등의 연구를 통해 선교적 해석학이 성경을 선교의 관점에서 읽는 해석학적 열쇠(hermeneutical key)로 발전해 온 과정을 정리한다. 나아가 이러한 방법론적 논의를 넘어, 해석자의 존재론적·윤리적 전환을 요청하는 신학적 실천으로서 선교적 해석학을 확장한다. 이는 '선교적'이라는 수식어가 행위를 가리키는 것이 아니라 존재의 방식을 지시하며, 해석자의 정체성과 태도를 규정하는 신학적 언어로 이해되어야 함을 강조하기 위함이다. 선교적 해석학의 의미 확장을 위해 하르텐슈타인(K. Hartenstein)과 호켄다이크(J. C. Hoekendijk)가 제시한 급진적 선교 이해를 살펴보고, 이를 바탕으로 타자성, 다양성, 탈본질주의를 선교적 해석학의 세 축으로 제안한다. 궁극적으로 본 장은 선교적 해석학이 경계를 넘어 타자와 세계 속에서 하나님의 선교에 응답하는 살아 있는 신학으로 기능해야 함을 제안한다.

선교적 해석학의 새로운 고찰

21세기 세계기독교(World Christianity)의 지형은 복잡하고 다층적이다. 이제 선교는 더 이상 서구 중심적 사고에 기반한 일방적 전달이나 확산의 개념으로 이해될 수 없다. 급격한 세계화와 탈식민주의적 관점의 부상 속에서, 선교는 문화·인종·계층 간의 경계를 넘나드는 중심과 주변의 대화적 관계 안에서 새롭게 해석되어야 한다. 이러한 시대적 전환 속에서 '선교적 해석학'(missional hermeneutics)의 역할은 더욱 중요해지고 있다. 이는 성경을 단순히 선교의 주제로 읽는 방법론에 그치지 않고, 세상 속에서 하나님의 현존에 참여하려는 개인과 공동체의 실천적 행위로 이해되어야하기 때문이다. 이러한 점에서 선교적 해석학은 그리스도인에게 선교의 동기와 의미를 부여하고, 새로운 선교 방법론과 확장된 이해, 더 나아가 삶의 방향과 태도 변화를 가능하게 하는 중요한 신학적 틀로 자리한다.

지금까지 선교적 해석학은 주로 성경 전체를 하나님의 선교(Missio Dei)의 이야기로 간주하고, 이 안에서 교회의 정체성과 사명을 재발견하려는 시도 속에서 발전해 왔다. 라이트, 구더, 고힌 등이 이러한 관점을 대표적으로 발전시킨 신학자들이다. 이들의 접근은 선교적 해석학의 기초를 놓았고 선교를 성경 해석의 중심 주제로 복원하였다는 점에서 중요한 신학적 공헌을 하였다. 또한 '선교적' 해석학은 기독교 교리 전반을 선교의 관점에서 새롭게 조명함으로써 신학의 지평을 넓혀왔다. 신론에 대한 선교적 해석으로서 삼위일체의 선교적 속성, 기독론에 대한 선교적 이해로서 예수의 선교, 교회론에 대한 선교적 이해로서 선교적 교회(Missional Church), 그리고 기독교 구성

전체를 선교 현장의 맥락에서 이해하는 세계기독교론(World Christianity) 등은 현대 신학의 사유를 더욱 깊고 풍성하게 만들었다.

그러나 이러한 장점들에도 불구하고 선교적 해석학이 교회와 신학 안에서만 머물러 있다는 한계가 지적되기도 한다. 복잡다단해진 세상 속에서 경계를 넘나들며 활동하시는 하나님의 선교를 볼 수 있고 이에 참여할 수 있는 보다 넓은 렌즈가 필요하다는 요청이다. 따라서 선교적 해석학은 단일한 선교 관점을 정형화하기보다는, 선교의 세계 안에 존재하는 다양성을 인정하고 이를 포괄할 수 있는 확장된 정의가 필요하다. 이러한 전제 속에서 본 장은 선교적 해석학의 기초적인 정의와 흐름을 살펴보고, 이를 기반으로 선교적 해석학의 확장을 시도한다. 선교적 해석학은 이제 교회와 신학 중심의 적용을 넘어, 세상과 사회 속에서 일하시는 하나님의 현존과 부르심에 응답하는 해석자의 존재론적·윤리적 전환이 되어야 한다.

이를 위해 첫째, 선교적 해석학의 정의와 이해를 살펴본다. 선교적 해석학의 일반적인 개념을 검토한 뒤, 이를 심화시킨 주요 선교학자들을 특징별로 분류한다. 둘째, 선교적 해석학의 출현에 큰 영향을 미친 '하나님의 선교' 개념을 고찰하고, 이를 통해 '선교적'이라는 개념의 신학적 의미를 확장한다. 셋째, 선교적 해석학을 타자성, 다양성, 탈본질주의 등의 철학적·신학적 개념들과 연결함으로써 그 정의의 폭을 넓힌다. 이를 통해 궁극적으로 선교란, 해석자의 존재론적·윤리적 요구에 응답하는 행위이며, 그 요구에 대한 책임적 응답으로 이해될 수 있음을 제시한다. 따라서 본 고는 선교적 해석학을 단순한 해석 방법론(hermeneutical method)이 아니라, 신학적 존재 방식(theological mode of being)으로 이해하고자 한다.

선교적 해석학의 정의와 흐름

| 선교적 해석학의 일반적 정의와 기원

'선교적 해석학'이라는 용어는 비교적 최근에 등장한 개념이다. 이 용어를 학술적으로 처음 명시한 최초의 학자는 제임스 브라운슨(James Brownson)으로, 그는 1992년 '복음과 우리 문화 네트워크'(Gospel and Our Culture Network, GOCN)에서 처음으로 이 개념을 제시하였다. 브라운슨은 선교적 해석학을 간단히 정의하지 않았지만, 그가 강조한 핵심은 해석의 다양성을 인정하면서도 "그리스도 안에서(in Christ)" 드러나는 복음의 빛을 통해 전통과 문화를 새롭게 이해하는 것이다. 특히 그는 선교적 해석학의 목적을 "은혜로 우신 하나님이 각 문화와 사회, 가정, 식탁, 일상의 관계 속 깊이 찾아오시는 분임을 알리고, 인류 전체를 하나의 공동체로 바라보게 하는 시야로 초대하는 것"이라고 설명한다.[1]

이후 리처드 보캄(Richard Bauckham)은 선교적 해석학의 개념을 보다 방법론적으로 발전시켰다. 그는 선교적 해석학을 "선교를 해석학적 열쇠로 삼는 성경 읽기 방식"으로 정의하면서, 단순히 성경 안에서 선교의 주제를 찾는 것이 아니라, 성경 전체를 선교라는 중심 관심 속에서 읽는 것이 그 본질이라고 주장했다. 보캄에게 선교적 해석학은 교회의 선교적 실천을 고양하고 인도하기 위한 성경 읽기의 방식이다.[2]

---

1) James V. Brownson, "Speaking the Truth in Love: Elements of a Missional Hermeneutic," *International Review of Mission* 83(1994), 479-504.

2) N. T. 라이트 외 14인 지음/백지윤 옮김, 마이클 고힌 엮음, 『선교적 성경 해석학: 하나님의 선교를 위한 성경 읽기』 (서울: IVP, 2023), 35에서 재인용.

데이비드 보쉬(David Bosch)는 '선교적 해석학'에서 간과할 수 없는 인물이다. 그는 이 용어를 직접 사용하지 않았지만, 그의 저서 『변화하는 선교』(Transforming Mission)는 선교적 해석학의 사상적 토대를 마련한 결정적인 저작으로 평가된다. 그는 신약성경을 '본질적으로 선교적 문서'로 보며, 성경의 의미를 선교적으로 읽는 것은 당연한 일이라고 주장했다. 보쉬는 마태복음, 누가복음, 바울서신 등에서 드러나는 선교적 주제를 정교하게 분석하면서, 기독교 신학 전반을 하나님의 선교라는 관점에서 재해석하였다. 선교는 성경의 한 주제가 아니라, 성경을 해석하는 방식이자 신학의 구조적 원리인 것이다. 보쉬는 신약 문서의 선교적 속성을 치밀하게 논증했을 뿐만 아니라, 교회사와 신학 전 분야를 선교라는 틀로 재해석함으로써 성서해석학 및 신학적 해석학 전반에 거대한 패러다임 전환을 가져왔다.

초기의 선교적 해석학은 성경 전체를 하나의 '하나님의 선교적 서사(the story of God's mission)'로 읽으려는 시도에서 출발하였다. 이 흐름을 대표하는 학자가 바로 크리스토퍼 라이트(Christopher J. H. Wright)이다. 그는 『하나님의 선교』(The Mission of God)에서 성경을 하나님이 세상을 구속하시는 선교적 계획의 서사로 읽어야 한다고 주장했다. 라이트에게 성경은 단순한 교리적 명제들의 집합이 아니라, 하나님이 자신의 백성을 통해 세상 속에서 일하시는 하나님의 선교에 관한 증언이다.

그는 창세기 12장의 아브라함 언약, 곧 "너로 말미암아 모든 족속이 복을 얻을 것이라"는 약속을 선교의 근본적 토대로 보았다. 하나님의 이스라엘에 대한 선택은 특권이 아니라, 열방을 위한 선교적 소명 때문이다. 또한 출애굽 사건을 개인적, 민족적 구원으로 한정하지 않고, 사회적·경제적·영적 회복을 포괄하는 하나님의 총체적 구속의 선교 서사로 해석하였다. 이처럼 라이트의 선교적 해석학은 구속을 개인의 차원에서 거시적 차원으로 확장함으로써, 선교를 교회의 사역이 아닌 하나님의 사역으로 인식하게 한다. 따라서 그에게 성경을 읽는다는 것은 곧 하나님의 선교에 참여하는 행위이다. 그의 해석은 이후 학자들에 의해 더욱 정교하게 발전하는데, 특히 라이트의 서사적 접근은 앞으로 살펴볼 대럴 구더와 마이클 고힌에게 깊은 영향을 미쳤다.

| 선교적 해석학의 4가지 형태

구더(Darrell L. Guder) 역시 신약성서를 비롯한 성경 전체가 본질적으로 선교적 목적을 가지고 기록되었다는 것에 동의한다. 그는 성경을 단순히 교리적 지식을 전달하는 문서로 보지 않고, 하나님의 백성인 공동체를 형성하고 갱신하여 세상 속에서 그리스도의 증인으로 파송하도록 준비시키는 도구로 이해한다. 그의 해석학의 핵심은 공동체 형성이다. 구더에 따르면, 신약 정경에 담긴 모든 글은 "회중 공동체(gathered communities)가 선교적 사명을 성실하게 감당하도록 형성해 가는 수단"이었다. 즉, 신약성서의 본질적 기능은 교회를 선교적 존재로 만들어내는 것이다. 그렇기에 성경을 읽는 기본 관점은 기록된 증언이 그 시대의 하나님의 백성을 선교적 사명을 위해 어떻게 형성했으며, 오늘날 우리에게 어떻게 동일하게 작용하는가를 지속적으로 묻는 행위가 되어야 한다고 강조한다. 모든 성서학적 연구는 결국 교회의 선교적 정체성 형성에 기여해야 한다는 것이다.

구체적으로 그는 서신서들을 가장 분명한 예로 든다. 서신서들은 각 교회의 구체적 상황 속에서 발생한 문제를 직접적으로 다루며, 교회를 가르치

현대선교신학의 주요 용어들 2

고 교정하고 격려함으로써 그들의 선교적 정체성을 세우는 목적을 수행했다. 이 목적은 복음서에도 동일하게 드러난다. 복음서는 단지 예수의 행적을 기록한 전기가 아니라, 십자가의 길을 걸으신 예수의 사역 속에서 제자들이 그분을 따르며 '사도로 준비되는 과정'을 보여주는 선교적 형성의 이야기다. 복음서는 독자들로 하여금 그 제자도의 여정 속으로 초대하며, 교회가 다시금 그리스도를 따르는 공동체로 형성되도록 이끈다고 보았다.[3]

한편, 고힌(Michael W. Goheen)은 대럴 구더의 논의를 구약 성경 중심으로 확장하였다. 그는 구약 성경이 하나님의 백성을 선교적 공동체로 형성하고 준비시키기 위해 기록되었다고 보며, 이를 "이스라엘의 선택, 아브라함과의 언약, 모든 인류를 향한 출애굽의 전형(paradigm), 열방 앞에서의 증인으로서의 이스라엘, 그리고 장차 하나님의 선교를 선포할 예언자들의 소명"으로 요약한다. 고힌이 주장하는 선교적 해석학의 핵심은 다음과 같다. 하나님은 우주적 회복을 향한 자신의 목적을 이루기 위해 한 특정한 백성을 부르시고 그들과 언약을 맺으신다. 이 선택은 배타적 특권이 아니라, 선교적 소명을 지닌 공동체를 세우기 위한 것이다. 하나님은 구원을 온 인류에게 베푸시기 위해 먼저 특정한 선교적 공동체, 이스라엘을 형성하셨다는 점이다.

특히 고힌은 창세기 12장 1-3절(아브라함의 부르심)과 출애굽기 19장 3-6절(출애굽 후 시내산 언약)에 주목한다. 그는 이 두 본문이 "보편적 구원을 위한 하나님의 의도와 그 목적을 위해 한 민족이 선택되고 세워지는 과정"을 보여준다고 본다. 아브라함 언약은 열방을 향한 축복의 약속이며, 출애굽 언약은 그 약속이 역사 속에서 구체화되는 방식이다. 출애굽 사건 이후 이스라엘이

---

3) 대럴 구더, "신학교육을 위한 선교적 해석학의 함의," N. T. 라이트 외 14인 지음/백지윤 옮김, 마이클 고힌 엮음, 『선교적 성경 해석학: 하나님의 선교를 위한 성경 읽기』 (서울: IVP, 2023), 411-428; Darrell Guder, "From Mission and Theology to Missional Theology," *Princeton Seminary Bulletin* 1(2003), 48.

'제사장 나라요 거룩한 백성'(출 19:6)으로 부름받는 장면은, 단지 한 민족 내부의 종교적 정체성을 형성하기 위한 것이 아니라, 열방을 향한 사명을 지닌 공동체로 구성하는 순간이다. 곧 이스라엘의 정체성 자체가 선교적이며, 이 정체성의 형성 과정이 구약 전체를 이해하기 위한 해석학적이 된다.[4]

이러한 해석은 크리스토퍼 라이트의 관점과 긴밀히 연결되지만, 강조점은 다르다. 라이트가 성경 전체를 하나님의 선교 '이야기'라는 거대한 서사로 독해한다면, 고힌은 그 서사가 구체적으로 어떤 공동체를 형성해 내는가에 주목한다. 라이트가 하나님의 선교의 거대한 내러티브를 강조한다면, 고힌은 그 내러티브 속에서 실제로 빚어지는 공동체의 선교적 정체성과 소명을 강조한다. 그래서 고힌은 성경을 "하나님의 선교를 위한 한 이야기(one story)"로 읽는 일이 단순히 해석학적 선택이 아니라, 오늘의 교회가 자신의 정체성을 바르게 인식하기 위해 시급한 신학적 과제라고 주장한다. 정경(canon)에 속한 다양한 책들이 기록되고 보존된 이유 자체가, 각 시대의 공동체가 이 선교적 정체성으로 부름받고 형성되도록 하기 위함이라는 것이다.

라이트, 구더, 고힌과 같은 선교학자들이 성경의 내적 서사에 주목하며 이를 하나님의 선교로 이해하려는 해석학적 시도를 전개해 왔다면, 성경을 둘러싼 외재적 정황과 맥락에 초점을 두고 이를 선교라는 주제로 해석하려는 이들도 존재한다. 그 대표적인 학자가 바로 바람과 브라운슨이다.

마이클 바람(Michael D. Barram)은 성경 해석에서 '해석자의 자리(location)'를 중심 개념으로 제시하며, 이를 선교적 해석학의 출발점으로 삼았다. 그가 말하는 '선교적 자리'란 해석자가 처해 있는 사회적·문화적·정치적 맥락을 의미하며, 이는 해석의 가능성과 한계가 동시에 규정되는 공간이다. 바람은

---

4) 마이클 W. 고힌/이대헌 옮김, 『21세기 선교학 개론』 (서울: CLC, 2021), 39-51.

  현대선교신학의 주요 용어들 2

해석자가 이 자리적 조건을 자각하고, 질문을 통해 성경에 접근하는 태도를 "선교적 해석학"이라고 정의한다. 그의 선교적 해석학은 사회적 자리, 질문, 성찰, 그리고 하나님의 선교라는 네 가지 핵심 개념으로 요약된다. 바람은 성경 전체를 하나님께 던진 인간의 질문과 인간에게 던지는 하나님의 질문, 그리고 그 질문에 응답하시는 하나님의 자기 계시로 이해한다. 모세가 하나님의 존재에 대해 던진 질문(출 3:13), 이사야를 부르시는 하나님의 질문(사 6:8), 미가의 정의와 겸손에 관한 질문(미 6:8), 예수에 대한 제자들의 질문(막 8:29), 그리고 빌라도의 질문이(요 18:38) 그 예다. 성경은 다양한 '자리'에서 던져진 질문들로 가득하다. 하나님은 바로 이 질문들을 통해 자신을 드러내신다. 따라서 질문은 단순한 지적 탐구가 아니라, 해석자가 자신의 자리에서 하나님을 인식하고 응답하는 행위이다.[5]

이처럼 선교적 해석학은 단지 본문을 읽는 행위가 아니라, 해석자의 사회적 자리에서 던지는 비판적이고 성찰적인 질문을 통해 하나님의 선교에 참여하는 신앙적 여정이다. 바람은 해석자가 하나님의 선교의 큰 흐름 속에 서 있다는 인식을 강조하며, 선교적 해석학의 과제는 바로 그 흐름 안에서 신앙 공동체가 맡은 소명을 분별하도록 돕는 데 있다고 본다. 그에 의하면 선교적 해석학이란 교회의 목적, 곧 선교를 성찰하기 위해 성경 본문에 집중적이고 비판적이며 위치화된 질문들을 의식적·의도적·지속적으로 제기함으로써, 신앙 공동체가 '하나님의 선교' 안에서 부름 받은 사명과 정체성을 발견하려는 해석적 접근이다. 선교적 해석학에서 해석자는 다양한 형태의 선교의 자리에 있어야 하고, 그 자리에서 질문하는 자가 되어야 한다.

---

5) Michael Barram, "'Located' Questions for a Missional Hermeneutic," Gospel and Our Culture, (accessed November 17, 2025), Network, http://www.gocn.org.

선교적 해석학에서 브라운슨(James V. Brownson)은 또다른 관점을 제시한다. 문화와 복음의 관계에 대한 깊은 관심이다. 브라운슨은 복음이 특정 문화 안에서만 구체화될 수 있다고 보며, 선교지를 단순한 복음 전달의 공간이 아닌, 복음과 문화가 만나 새롭게 해석되는 선교적 공간으로 이해한다. 그는 해석을 복음이 해당 문화 속에서 어떻게 진실하게 선포될 수 있을지를 분별하는 실천적 신학 행위로 간주한다.[6] 브라운슨의 선교적 해석학은 성경 본문 자체보다, 해석 공동체가 처한 문화적 맥락과 복음 사이의 역동적 상호작용을 강조한다. 이는 해석이 단일한 정답을 찾는 것이 아니라, 복음의 본질을 유지하려는 긴장 속에서 각 문화에서 새롭게 드러내는 신학적 분별과 실천의 과정임을 시사한다. 이는 대화적이며, 이 대화는 끊임없이 계속되어야 한다.

위에서 언급한 바와 같이 그는 실질적으로 선교적 해석학(Missional Interpretation)이란 용어를 처음 사용한 인물이다. 그는 현대의 포스트모던 사회에서 해석의 다양성을 받아들여야야 함을 인정하면서도 성서 본문 해석의 통일성을 또한 어떻게 추구할 수 있을까 고민하였다. 이 고민에서 그는 '복음(Gospel)이 해석학적 모태(interpretive matrix)'라는 주장을 편다. 복음은 전통과 인간적 상황(context) 그 사이에서 올바른 성서 해석을 가능케 하는 기준 또는 필터 역할을 한다는 것이다. 예들 든다면, 복음서의 저자들은 구약 전통을 복음에 비추어서, 그 당시 그리스도인들의 상황 속에서 해석한 것이 복음서의 내용이라는 것이다. 즉 구약은 반드시 "그리스도 안에서(in light of Christ)" 읽혀야 한다. 이는 신약성서 자체가 구약을 '복음'이라는 해석학적 틀로 해석한 복음임을 의미한다. '복음'은 '복음'에 의해서 '복음'이 된다는 해석

---

6) James Brownson, "Speaking the Truth in Love," 497.

현대선교신학의 주요 용어들 2

학적 순환이다. 복음(좋은 소식, gospel, good News)라는 단어는 분명한 공적 성격(public character), 즉 널리 알려져야 하는 소식(News)이라는 의미을 가지며 기독교 신앙이 단순히 비밀스러운 영적 지식이나 개인적 체험고백이 아니라, 온 인류와 세상 전체에 영향을 미치는 "선포되어야 할 소식"임을 본래적 어원이 드러낸다. 그의 주장을 면밀히 살피면 해석이 지닌 급진성을 인식하게 되는데 이는 비서구의 문화와 전통을 예수 그리스도의 빛에서 복음으로 재해석할 긍정적인 가능성을 깊이 남긴다. 이러한 관점은 복음이 문화와 만나 끊임없이 확장되어 '그리스도의 장성한 분량'에 이르기까지 계속되는 미완의 과정임을 주장하는 앤드루 월스(Andrew F. Walls)의 견해와 깊이 궤를 같이한다.

이상의 네 가지 관점은 서로 대립 반목하는 방식이 아니라, 상호보완적인 기둥들로 평가된다. 즉, 성경의 구조, 목적, 독자의 맥락, 복음과 문화의 상호작용, 이 네 가지는 선교적 해석을 이루는 통합적 요소들이며, 이들 사이의 긴장과 균형 속에서 성경 해석은 더욱 깊어진다.[7]

존재와 경계 넘기로서 '선교적'의 이해

본 글은 위에서 살펴본 기본적인 선교적 해석학의 이해를 바탕으로, 오늘의 세계 속에서 새롭게 요청되는 해석학적 확장을 시도한다. 이는 단순히 성경 해석의 방법론적 발전을 넘어, 변화된 삶의 현장 속에서 하나님의 선

---

7) George R. Hunsberger, "Proposals for a Missional Hermeneutic: Mapping a Conversation," *Missiology: An International Review* 39(2011), 318-319.

교에 더욱 능동적으로 참여하기 위한 신학적 모색이다. 본 글에서 시도하는 해석학적 확장은 선교적 해석학이 텍스트를 해석하는 '방법'에서 하나님의 선교에 동참하는 '존재 방식'으로 전환되어야 한다는 것이다. 이러한 전환의 근거를 탐색하기 위해, 하나님의 선교 개념을 살펴볼 것이다. 특히 하나님의 선교가 지닌 삼위일체적 근원과 존재론적·윤리적 함의를 고찰함으로써, 선교가 교회나 신학의 울타리를 넘어 세상 속으로 확장되어야 함을 살펴보도록 한다.

하나님의 선교라는 개념의 출현은 단순한 선교 전략의 변화나 실천 방법론의 수정이 아니라, 하나님 존재에 대한 근원적인 신학적 재정의를 시도하는 것이었다. 이 용어를 신학적으로 본격화한 인물은 칼 하르텐슈타인 (Karl Hartenstein)으로 그는 1952년 독일 빌링엔(Willingen) 선교대회에서 선교를 교회의 기능적 활동이 아니라 삼위일체 하나님 자신에게서 기원하는 신적 속성으로 정립하였다.[8] 그의 이해에 따르면, 선교는 하나님께서 교회를 통해 실행하시는 외적 행위라기보다는, 하나님 존재 그 자체에서 흘러나오는 본질적 자기-개방의 운동이다. 다시 말해, 하나님의 선교란 교회의 사명(Missio ecclesiae)이 아니라, 하나님의 존재 방식과 본성 자체를 가리키는 말이다.[9]

하르텐슈타인에게 있어 하나님은 "선교하시는 하나님"(Deus missionalis)일 뿐 아니라, 더 나아가 "선교 그 자체이신 하나님"(God is mission)이시다.[10] 이

---

8) 김은수,『현대 선교의 흐름과 주제』(서울: 대한기독교서회, 2010), 122-123.

9) 데이비드 J. 보쉬/김병길, 장훈태 역,『변화하고 있는 선교: 선교 신학의 패러다임 변천』, (서울: 기독교문서 선교회, 200), 577; '하나님의 선교'의 기원과 해석에 초기 한국 신학자의 심도있는 논의는 김은수의 글을 참조하라. 김은수,『현대 선교의 흐름과 주제』(서울: 대한기독교서회, 2010), 122-146.

10) John G. Flett, *The Witness of God: The Trinity, Missio Dei, Karl Barth, and the Nature of Christian Community*, (Grand Rapids: Eerdmans, 2010), 38-41.

주장은 매우 급진적인 방식으로 하나님 이해를 전환시킨다. 이때 선교는 하나님의 행위(acting)가 아니라 하나님의 존재(being)이다. 즉, 하나님이 무엇을 하시는가(doing)보다, 하나님이 어떠한 존재로 계시는가(being)가 선교의 신학적 출발점이라는 것이다. 그는 하나님의 선교적 속성을 삼위일체 하나님의 내적 관계성 안에서 자기-파송(self-sending)과 자기-증여(self-giving) 구조로 보았으며, 그 존재적 운동 속에서 교회는 그것에 참여하는 응답 공동체이다.[11]

이러한 점에서 선교적 해석학의 해석자는 단지 의미를 추출하거나 분석하는 중립적 기술자가 아니다. 오히려 그는 하나님의 존재 방식에 참여하는 자로, 세상 한복판에서 하나님의 선교에 응답하는 파송된 자로 이해되어야 한다. 하나님이 세상 속에서 자기 존재를 드러내고 계시며, 그 하나님께서 교회를 세상 속으로 파송하셨듯이, 해석자 또한 하나님의 존재적 파송의 연장선상에 있는 존재로 간주된다. 해석은 이처럼, 단순한 해석 방법(hermeneutical method)이 아니라, 하나님의 존재에 응답하는 신학적 행위이며, 하나님을 닮은 해석자의 존재 방식이 된다.

또한 하나님의 선교는 호켄다이크(J. C. Hoekendijk)에 의해 결정적인 전환점을 맞이하게 된다. 그는 20세기 중반, 선교 신학의 기존 틀을 구조적으로 뒤흔든 급진적인 사상가로 평가받는다. 특히 그는 선교를 더 이상 교회의 기능이나 사명으로 환원해서는 안 되며, 하나님께서 세상 속에서 친히 일하시는 사건 그 자체로 이해해야 한다고 주장했다. 그의 대표 저서 『흩어지는 교회』(The Church Inside Out)에서 그는 단언한다. "하나님은 거리와 광장에서 일하신다." 이 짧은 구절은 선교의 공간을 교회 안에서 벗어나 거리와 도시,

---

11) Ibid.

일상과 역사 속 삶의 자리로 이동시키는 결정적인 통찰을 담고 있다.[12]

이러한 관점에서 호켄다이크는 선교의 중심을 교회에서 세상으로, 제도에서 역사로, 구조에서 사건으로 옮긴다. 그는 하나님의 나라가 제도적 경계나 교리의 틀 안에 갇혀 있을 수 없다고 보며, 오히려 그 나라는 역사 속에서 불현듯 출현하는 징후이며, 기다림의 자세와 해석적 응답을 요구하는 열린 현실이라고 주장한다.[13]

예를 들어 그는 "하나님의 나라는 예배당에서보다 도시의 외침과 노동자의 고통 속에서 더 선명히 드러날 수 있다"고 말하며, 선교의 감수성과 신학의 언어가 변화되어야 함을 강조한다. 이때 선교는 단지 복음을 전달하는 활동만이 아니라, 삶의 자리에서 벌어지는 하나님의 일하심에 대한 신학적 감수성과 해석적 민감성을 전제한다.

나아가 호켄다이크는 신학의 언어 자체에 대해 근본적인 전환을 요구한다. 그는 교회 중심의 언어가 더 이상 유효하지 않으며, 신학은 세상 한복판에서 다시 태어나야 한다고 보았다. 그가 강조한 '사도적 신학'(apostolic theology)은 교회 안의 신학이 아니라, 세상 속에서 쓰이고 말해지는 신학이다.[14] 그는 "교회는 하나님 나라의 도구일 수는 있어도, 결코 그 자체가 목적이 될 수 없다"고 단언하면서, 신학이 교회의 울타리 안에 갇혀 있을 때 그 생명력을 잃는다고 경고한다. 이러한 발언은 선교적 개념이 더 이상 기독교적 제도와 교리 내에서만 해석될 수 없음을 의미한다.

---

12) J. C. 호켄다이크/이계준 역, 『흩어지는 교회』 (서울 : 대한기독교서회, 1982), 40-46.

13) Ibid., 190-197.

14) Ibid., 70.

결과적으로 호켄다이크의 선교 이해는 '선교적'이라는 개념의 외연을 크게 확장시킨다. 그에게 있어 '선교적'이란 단순히 선교를 강조하는 용어가 아니라 하나님의 일하심에 반응하며, 세상 속 사건들—억압, 고통, 변화, 목소리—에 응답하는 해석자의 태도와 실천 그 자체다. 이러한 사고는 선교를 교회 담론 내부의 언어로 규정하는 것이 아니라 교회 밖을 향하여 서 있는 해석자의 실존으로 전환시키는 전환점이 된다.

앞서 살펴본 선교학자들의 논의는 '선교적'이라는 용어가 어떻게 재정의되어야 하는지를 제시하는 토대가 된다. 이들의 논의에 근거하여 '선교적'이라는 말은 해석자 자신이 하나님의 본성을 닮아 하나님이 일하시는 세상 속에서 어떤 존재로 살아가고 있는가를 묻는 정체성과 윤리의 용어로 재해석된다. 만약 선교가 하나님 존재의 방식이라면, '선교적 해석학'에서의 '선교적'이란 표현은 해석자가 누구로 존재하고 있는가, 그리고 어떤 시선과 태도로 세상에 대한 해석 행위에 임하는가를 묻는 보다 근원적인 신학적 요청이 된다.

선교적 해석학의 확장

신학자 존 프랭크(John R. Franke)는 선교적 신학이 타자에 대한 감수성, 본질주의의 극복, 총체성에 대한 저항이라는 세 가지 핵심 개념에 기반할 때 비로소 신학적 성숙에 이를 수 있다고 보며 이는 포스트모던 철학이 지배적인 현대 시대에 신학과 선교가 시대와 그 걸음을 함께 할 수 있는 방법임을 언급하였다.[15] 이 논의는 본고의 지향점과도 긴밀한 신학적 공명을 이루기에, 프랭크의 세 가지 핵심 개념을 수용하되, 이를 변주하여 '선교적 해석학'이 지녀야 할 세 가지 관점으로 타자성, 다양성, 탈본질주의를 이 글은 제안한다. 이는 해석자와 해석 공동체가 자신의 존재론적 태도와 윤리적 책임을 중심에 두는 신학적 실천을 가능케 요소들이기 때문이다. 이에 세 가지 주제에 대하여 아래에서 설명한다.

| 타자성: 해석 주체의 회심을 위한 필수조건

첫째, 선교적 해석학은 무엇보다도 타자성에 대한 이해와 감수성을 근본적인 출발점으로 삼아야 한다. 기독교 신앙의 핵심은 성육신의 사건이며, 이는 곧 '절대 타자의 침입'을 통해 주체가 전환되는 신비이다. 예수 그리스도의 성육신은 인간 역사 안으로 들어오신 하나님의 선교로, 이는 해석자 중심의 구조를 뒤흔드는 '타자의 도래'이며, 기존 주체의 회심을 유도하는 사건이다. 이는 구원이 나르시즘적인 자아와 동일성의 내부에서 오는 것이 아니라 '나' 밖에 있는 타자(이웃)와 절대 타자(하나님, 그리스도)에서 온다는 새로운 인식으로 이어지며, 이는 선교적 해석학의 핵심 주제가 된다.[16] 과거에는 '주체를 통한 타자의 회심'이 선교 담론의 중심을 이루었지만, 이제는 '타자

---

15) 존 프랭키, "상호 문화적 해석과 선교적 신학의 형태," N. T. 라이트 외 14인/백지윤 옮김, 마이클 고힌 엮음, 『선교적 성서 해석학: 하나님의 선교를 위한 성경 읽기』 (서울: IVP, 2023), 142-158. 그는 첫째, 교회가 타자를 복음의 수용 대상이 아닌 하나의 인격적 존재로 수용해야 하며, 해석의 공간은 타자의 말하기를 경청하는 자리여야 한다고 보았다. 둘째, 그는 고정된 교리와 불변의 진리를 추구하는 본질주의를 넘어서야 한다고 말하며, 해석은 역사적이며 맥락적이고, 항상 개방된 사건이라고 보았다. 셋째, 그는 하나의 중심 신학이나 해석을 절대화하려는 총체화의 욕망에 저항하며, 다양한 공동체 간의 상호문화적 대화를 강조하였다.

16) 방연상, 『타자와 책임: 종교적 성찰을 위하여』 (서울: 한들출판사, 2013), 117-118.

를 통한 주체의 회심' 그리고 해석자와 타자 간의 상호 변화작용이 선교적 해석학의 핵심 구조로 자리매김해야 한다.

이러한 전환은 에마뉘엘 레비나스(Emmanuel Levinas)의 철학에서 깊은 통찰을 제공받는다. 그는 『전체성과 무한』(Totality and Infinity)에서, 인간 존재를 고립된 동일자(the Same)로 보지 않고, 타자의 등장과 '얼굴(le visage)'의 현현을 통해 윤리적으로 구성되는 존재로 이해하였다. 레비나스에게 '타자의 얼굴'은 단순한 외형이 아니라, 내가 완전히 이해하거나 소유할 수 없는 초월적 타자의 현존이며, 나의 자율성을 무화시키고 나를 향한 도덕적 요청으로 다가온다. 즉 신의 현현, 하나님의 출현이다.[17] 이 지점에서 기독교의 구원관과의 접점이 형성된다. 예수는 모든 율법의 강령이 하나님 사랑과 이웃 사랑에 있다고 말했는데, 이는 레비나스의 사유와 깊은 상응성을 가진다. 레비나스는 타자의 얼굴이 아무 말 없이 "죽이지 말라"고 호소한다고 했다.[18] 얼굴은 나에게 충격을 가하며, 내가 응답하지 않을 수 없게 만드는 윤리적 호출의 장소가 된다. 이때 해석자는 단지 성경을 분석하거나 설명하는 주체에 그치지 않고, 타자의 얼굴 앞에 응답하는 존재로 전환된다.[19]

레비나스는 타자의 등장을 통해 인간은 자율적 주체에서 '책임적 주체'로 전환된다고 보았다. 이 책임은 자발적인 도덕적 선택이 아니라, 타자의 현존 자체에 의해 호출되는 존재론적 구조이다. 따라서 선교적 해석학은 해석자가 타자의 얼굴 앞에서 자신을 내어주는 존재론적 실천이 되어야 한다. 타자는 해석자에게 도전하고, 해석자는 타자의 요청 앞에 자신이 가진 언

---

17) 에마뉘엘 레비나스/김도형·문성원·손영창 역, 『전체성과 무한: 외재성에 대한 에세이』 (서울: 그린비, 2018), 285-291.

18) Ibid., 294.

19 Ibid., 293.

어, 신학, 관점을 갱신하게 된다. 성육신은 '본질이신 하나님'이 비본질적인 육체 안으로 침입하신 사건이며, 이는 유대교적 본질주의나 폐쇄적 신학 질서에 대한 하나님의 급진적 응답이었다. 이 사건은 곧 해석자 중심의 구조를 해체하고, 타자의 도래와 그로 인한 회심을 요청하는 사건이었다. 해석자는 복음을 소유하거나 조작하는 자가 아니라, 성육신하신 하나님 앞에, 그리고 타자 앞에 서 있는 존재이며, 그 존재는 해석의 시작점이자 내용이다.

이로써 선교적 해석학은 단지 타자를 해석하는 것이 아니라, 타자 앞에서 해석자가 해석되도록 만드는 과정이다. 해석자는 타자의 침입을 통해 자신을 돌아보고, 자기 이해를 넘어서는 새로운 이해의 공간으로 나아가게 된다. 해석의 목적은 정답을 도출하거나 논리를 완성하는 데 있지 않다. 오히려 해석은 타자와의 만남, 얼굴과의 조우, 그리고 그 앞에서 책임지는 실존적 양식이다. 선교적 해석학은 바로 이 타자적 만남을 통해, 해석자를 윤리적으로, 존재론적으로 새롭게 구성하는 실천적 신학이 되어야 한다.

| 다양성: 생명, 삼위일체, 지구촌 현상의 지표

선교적 해석학에서 다양성(diversity)은 단지 수용의 대상이 아니라, 해석의 윤리와 실천을 가능케 하는 신학적 조건이다. 이는 해석자의 선택에 따라 포용할 수 있는 가치가 아니라, 하나님의 존재와 선교 자체에 내재하는 본질로 이해되어야 한다. 다양성은 성경의 중심 메시지이며, 동시에 세계기독교(World Christianity)의 다성적(polyphonic) 현실 속에서 가장 절실히 요청되는 해석의 전제이다.

앙리 베르그송(Henri Bergson)은 생명을 정태적 실체가 아니라, 끊임없는

현대선교신학의 주요 용어들 2

생성과 '창조적 진화(lan vital)'의 흐름으로 이해하였다. 그는 생명이란 단일성과 동일성의 추구가 아니라, 차이와 다양성 속에서 진정한 창조성을 발휘한다고 하였다.[20] 이러한 베르그송의 생명 개념은 선교적 해석학에 중요한 신학적 함의를 제시한다. 복음은 생명으로 획일적인 교리나 고정된 담론이 아니라, 삶의 역사적·문화적 다양성 속에서 새롭게 드러나는 사건이며, 해석은 이 생명을 보는 관점이기에 그 다양성을 경청하고 존중하는 신학적 실천이어야 한다.

삼위일체 신학 또한 다양성의 신학적 토대를 제공하는 중심 원리다. 신적 존재는 동일 본질 안에서 각기 다른 위격으로 구성되며, 이 구조는 동일성과 차이가 긴장 속에서 공존하는 모델을 제공한다.[21] 이러한 구조는 해석학에도 적용되어야 하며, 해석 공동체는 동일한 해답의 모방자가 아니라, 다양한 시공간 속에서 하나님의 말씀에 고유하게 응답하는 존재들로 구성되어야 한다. 해석은 중심을 정립하는 작업이 아니라, 다양한 응답 속에서 하나님의 살아 있는 메시지를 식별해 나가는 여정이 된다. 오순절 성령론 역시 다양성을 강조한다. 성령의 역사는 정통의 경계 바깥에서, 다양한 문화, 종교, 지식 체계 안에서도 자유롭게 작동한다.[22] 그리하여 해석은 고정된 교의 체계를 반복하는 행위가 아니라, 공동체가 성령의 인도하심에 응답하는 창조적이고 실천적인 참여이다. 성령은 획일성을 요구하지 않으며, 다양성

---

20) Henri Bergson, *Creative Evolution*, trans. Arthur Mitchell (New York: Modern Library, 1944), 85-87.

21) Colin E. Gunton, *The One, the Three and the Many: God, Creation and the Culture of Modernity*, (Cambridge: Cambridge University Press, 1993), 196-200, 214-218.

22) Amos Yong, *The Spirit Poured Out on All Flesh: Pentecostalism and the Possibility of Global Theology*, (Grand Rapids: Baker Academic, 2005), 65-72.

속에서 하나님의 뜻을 조율하고 해석하게 하신다. 이 관점은 해석의 정당성을 단일 정통성의 기준에서 찾지 않고, 문화적 맥락과 신앙 공동체의 응답성 속에서 이해하게 한다. 탈식민주의 신학에서 다양한 목소리들의 신학적 정당성을 회복시키는 데 중점을 두는 이유가 여기에 있다. 특히 흑인, 여성, 원주민, 제3세계 신학자들의 해석은 기존의 서구 중심 신학이 묵살하거나 배제해 온 해석의 가능성을 새롭게 제기한다.[23)]

이처럼 선교적 해석학에서 다양성은 정체성의 위협이 아니라, 복음의 실재를 구현하기 위한 필수적인 해석적 조건이다. 해석은 다양성 속에서 '하나님의 선교'가 남긴 흔적을 식별해내는 작업이며, 각각의 목소리는 하나님의 현존에 대한 고유한 응답이 된다. 해석자는 단일한 진리를 보존하는 '관리자'라기보다, 다양한 해석 사이에서 하나님이 말씀하시는 것을 경청하고 그에 반응하는 '응답자'로 자리매김한다.

하지만 근대 기독교는 다양성을 종종 위협 요소로 간주해 왔다. 획일적인 교리와 정통주의의 강화는 다양한 해석과 문화적 실천들을 억압해 왔고, 이 과정에서 복음은 특정 문명과 권력의 언어로 포장되어 전파되었다. 선교적 해석학은 이와 같은 오류를 되풀이하지 않기 위해 해석자에게 새로운 윤리, 곧 다양성 속에 머무르고 그 안에 귀 기울이는 존재론적 태도를 요청한다.

결국 다양성은 선교적 해석학의 핵심 기제이다. 이는 단순히 문화적 상대주의나 관용의 논리를 넘어, 삼위일체 하나님의 존재 방식, 성령의 자유, 생명의 창조성, 억눌린 자의 목소리에 대한 응답이라는 신학적 주제가 있다.

---

23) Scott W. Sunquist, "World Christianity Transforming Church History," *in World Christianity: Perspectives and Insights: Essays in Honor of Peter C. Phan*, eds. Jonathan Y. Tan and Anh Q. Tran (Maryknoll: Orbis Books, 2016), 35.

선교적 해석학은 바로 이 다양성의 구조 속에서, 해석자가 자신을 변형시키고 타자와 함께 하나님을 새롭게 인식하는 살아 있는 해석의 실천으로 작동해야 한다.

| 탈(脫)본질주의: 선교적 해석학의 해방적 잠재성

세번째, 탈본질주의는 선교적 해석학을 구성하는 결정적 요소이다. 본질주의는 종교의 성립을 가능케 했던 사유 구조였으며, 전통적으로 신앙은 고정된 진리, 변하지 않는 중심, 순수한 본질 위에 정초되었다. 그러나 이 본질주의는 차이와 다양성을 억압하고, 중심과 주변을 구분하며, 순수와 불순, 성과 속, 성도와 불신자라는 이분법적 질서를 강화하는 담론 구조로 기능해 온 측면이 있다. 선교적 해석학은 이러한 본질주의에 대해 근본적인 질문을 제기해야 한다.

본질주의는 종종 종교의 정체성과 권위를 수호한다는 명분으로 작동하지만, 실상은 차이를 위계화하고, 권력을 재생산하는 방식으로 작동해왔다.[24] '진리'라는 이름 아래 설정된 본질은 모든 차이를 비본질로 배제하며, 타자의 발언권을 침묵시킨다. 이때 '진리'는 객관적 실재가 아니라, 특정한 위치와 권력을 가진 자들이 구성한 담론의 결과라는 점에서[25] 선교적 해석학은 본질주의를 단지 신학적 주장이 아니라 정치적 장치로 이해하고 해체해

---

24) Friedrich Nietzsche, "On Truth and Lies in a Nonmoral Sense," trans. Daniel Breazeale, in *Philosophy and Truth: Selections from Nietzsche's Notebooks of the Early 1870s*, ed. Daniel Breazeale (New Jersey: Humanities Press, 1979), 80-97.

25) Michel Foucault, *Discipline and Punish: The Birth of the Prison*, trans. Alan Sheridan (New York: Vintage Books, 1995), 27-28.

야 한다. 이를 위해 해석학은 이분법의 경계를 넘어서야 하며, 복음 자체도 고정된 형식이 아니라 살아 있는 사건으로 이해되어야 한다. 이러한 점에서 '진리는 오류를 통해서만 접근할 수 있다'("truth emerges only through error")는 포스트모던 신학자 마크 테일러(Mark C. Taylor)의 통찰을 새겨 볼 만하다. 진리는 중심을 고집할 때가 아니라, 주변의 흔들림과 차이의 틈에서 드러난다. 해석자는 진리를 수호하는 자가 아니라, 오히려 진리를 향해 나아가되 언제나 길을 잃고 돌아오며, 그 과정을 반복하는 존재이다. 선교적 해석학은 이러한 길 잃음(erring)의 구조를 수용하며, 해석을 하나의 확정된 결론이 아닌, 개방된 여정으로 받아들인다.[26]

더욱이 본질주의는 단순히 신학적 체계 안에 머물지 않는다. 그것은 제도, 언어, 담론, 정치, 신학의 구조 속에서 반복 재생산되며, 특히 선교의 영역에서 더욱 노골적인 형태로 드러난다. 과거의 선교 담론은 본질주의를 통해 서구의 기독교를 순수한 본질로 간주하고, 타 문화를 비본질적인 것으로 규정하며 정복과 개종의 논리를 정당화해왔다. 그러나 해석학은 이제 이러한 권력의 언어로부터 해방되어야 한다. 선교적 해석학은 이 억압적 본질주의로부터 벗어나기 위해, 길을 잃고, 흔들리고, 실패하고, 머무는 것을 하나의 해석학적 미덕으로 간주한다. 의미는 하나의 고정된 해답이 아니라, 관계 속에서 새롭게 형성되며, 타자의 말하기를 통해 해석자는 끊임없이 자기 자신을 새롭게 이해하게 된다. 이 과정에서 해석자는 의미의 중심을 점유한 자가 아니라, 의미의 주변을 걷는 자로 존재해야 한다. 이러한 존재론적 변화

<hr>

26) Mark C. Taylor, *Erring: A Postmodern A/Theology*, (Chicago: University of Chicago Press, 1984), xv-xvi.

27) Stuart Hall, "Cultural Identity and Diaspora," *in Identity: Community, Culture, Difference*, ed. Jonathan Rutherford (London: Lawrence & Wishart, 1990), 222-237.

　　　　　현대선교신학의 주요 용어들 2

는 곧 신학적 해석의 윤리로 연결된다.

이런 시선은 정체성 역시 고정된 본질이 아니라, 구성되고 형성되는 과정임을 시사한다. 기독교 정체성도 단일하거나 절대적인 것이 아니라, 다양한 맥락과 전통 속에서 계속 구성되고, 해석되며, 관계 안에서 형성된다.[27] 이는 '기독교다움'이라는 말이 본질에서가 아니라 관계에서 비롯된다는 점에서, 선교적 해석학은 복음을 고정된 메시지로 제시하는 것이 아니라, 다양한 해석 공동체와 문화 안에서 복음이 어떻게 증언될 수 있는지를 질문하는 실천적 과정이 된다.[28]

하나님의 자기비움(kenosis)은 비본질주의적 사유의 단초로 해석되며, 성육신의 사건을 본질을 넘어서 타자에게 자신을 내어주는 행위로 이해된다. 본질이신 하나님은 인간의 형상을 입음으로써 자신을 비워내셨고, 하늘의 권위를 포기하고 땅의 고통으로 침윤하셨다.[29] 이는 신적 본질의 비본질적 강하이며, 절대자의 탈본질화라고 말할 수 있다. 이 사건은 유대교적 전통주의, 선민주의, 신성 중심주의에 대한 하나님의 거부이며, 중심에서 주변으로 이동하는 선교의 근본적 전환이다. 선교는 더 이상 정답을 전하는 행위가 아니라, 응답을 기다리는 자리에 서는 일이다. 이처럼 탈본질주의는 선교적 해석학이 해석자의 존재 방식으로 기능하도록 이끄는 핵심 동력이다. 복음은 고정된 실체가 아니라, 차이와 관계, 경계와 만남 속에서 '되어가는 것'(becoming)이다. 선교적 해석학이 이 요소를 내포할 때 신학의 새로운 가능성으로 남는다.

---

28) 방연상, "현대신학담론에 대한 트리컨티넨탈리즘의 도전," 「선교신학」 64(2021), 55-57.

29) 이용규, "타자를 향한 하나님의 자기비움: 비본질주의 신학의 단초," 「기독교사상」 717(2018), 91-95.

경계를 넘는 선교적 해석학

이 장은 선교적 해석학을 성경 안의 선교 주제를 식별하는 전통적 기법을 넘어, 해석자 자신의 존재론적·윤리적 전환을 요청하는 신학적 실천으로 확장하고자 하였다. 이를 위해 본 글은 타자성, 다양성, 탈본질주의라는 세 가지 핵심 개념을 중심축으로 제안하였다. '타자성'은 해석자가 타자의 얼굴 앞에 선 응답자로서의 존재임을 드러내며, '다양성'은 세계기독교의 다성적 신앙 경험을 존중하는 해석의 태도를 요청한다. '탈본질주의'는 고정된 의미나 권위 중심의 독법을 탈피하여, 해석을 관계 속에서 새롭게 열리는 신학적 행위로 이해한다. 이러한 논의는 하르텐슈타인과 호켄다이크의 하나님의 선교 해석, 레비나스의 윤리학, 그리고 다양화된 세계기독교 현상을 통하여 설명되었으며, 해석학을 교회 담론의 경계를 넘어 타자와의 만남 속에서 하나님의 현존에 응답하는 길로 이끌고자 하였다.

확장된 선교적 해석학은 신학의 존재 방식 자체에 대한 근본적인 재사유를 요청한다. 그것은 전통적인 해석학이 간과해 온 지점들을 조명하며, 해석자가 누구이며 어디에 서 있는지를 성찰하게 만든다. 이 시도는 전통적인 선교적 해석학을 부정하려는 급진적 제스처가 아니라, 신학이 스스로의 경계를 넘고, 진정한 만남과 응답의 자리로 나아가기 위한 책임 있는 자기 갱신의 노력으로 보아야 한다.

특히 최근의 선교적 해석학 논의는, 해석을 제도 교회 내의 언어로만 이해하지 않는다. 오히려 교회의 울타리 바깥, 거리와 광장, 경계선의 자리에 있는 이들의 삶과 목소리가 해석의 현장으로 부상한다. 해석은 더 이상 중심에서 주변을 바라보는 시선이 아니라, 주변에서 중심을 다시 보는 시선, 주변에서 해석되는 요청 앞에 선 해석자의 응답이다. 이는 복음을 새롭게 들으려는 열림의 실천이다. 이러한 해석학은 일방적 선포가 아니라 상호적 경청이며, 고정된 메시지가 아니라 열려 있는 관계의 구조 속에서만 작동할 수 있다.

우리는 이를 '경계선을 넘는 해석'이라 부를 수 있으며, 신학은 익숙함을 넘어 낯섦을 향해 움직일 때에야 비로소 살아 있는 신학이 된다.[30] 바로 그러한 움직임 속에서, 선교적 해석학은 하나의 이론이 아니라 삶과 현실을 가로지르며 신학을 다시 시작하게 만드는 존재론적 전환의 길이 된다. 선교학의 미래는 분열이 아닌 공존, 배제가 아닌 환대, 폐쇄가 아닌 열림의 길에 있다. 복음은 여전히 생명력을 지니며, 세계 곳곳의 다양한 목소리 속에서 새롭게 울려 퍼진다. 우리는 그 부름에 응답하며, 열린 해석과 살아 있는 신학으로 힘차게 나아가야 할 것이다.

---

30) 박창현, "경계선을 넘는 선교적 성서해석," 「선교신학」 37(2014), 150-152.

제2장

김신구 고성중앙교회 담임, 서울신학대학교 Th. D., 실천신학, 교회신문 칼럼니스트

선교의 목적, 하나님 나라*

---

* 이 글은 김신구, "하나님의 선교를 위한 하나님 나라 개념 연구 (1): 선지자적 전통과 예수 가르침의 통합을 통한 성경신학적 기초 정립," 「신학과 실천」 94(2025)와 "하나님 나라 개념 연구 (2): 현대선교신학적 이해와 실천적 확장," 「신학과 실천」 96(2025)을 바탕으로 작성되었다.

이 장은 신구약성경을 관통하는 하나님 나라 개념을 중심으로 그 신학적 의미와 선교적 함의를 재조명한다. 선지자적 전통과 예수 그리스도의 메시아적 가르침, 종말론적 긴장을 축으로 하나님 나라 복음이 현대선교신학적으로 어떻게 이해되고 실천되어야 하는지를 논한다. 성경신학의 관점에서 하나님 나라는 구약의 선지자적 기대가 그리스도의 성육신, 십자가, 부활을 통해 성취된 구속의 질서이자 영적 구원과 사회적 변혁을 통합하는 통전적 비전이다. 현대선교신학의 관점에서는 크게 두 전통으로 나뉘는데, 하나는 복음주의(로잔) 전통으로 복음 선포와 그리스도의 몸인 교회의 성장에 초점을 맞추고, 다른 하나는 에큐메니컬(WCC) 전통으로 정의·평화·창조 질서의 보전(JPIC)을 통한 세상의 악에 대항하는 구조적 회복을 강조한다. 두 전통은 하나님의 주권적 통치와 선교적 공동체라는 신학의 중심을 공유하지만, 선교의 접근 방식과 강조점에서 차이를 보인다. 복음주의가 '오는 구조'의 총체적 선교에 집중한다면, 에큐메니컬은 '가는 구조'의 통전적 선교에 무게를 둔다. 이러한 차이는 미묘하지만, 어느 한쪽으로 치우치면 균형을 잃을 위험이 있다. 따라서 이 장은 하나님 나라 복음의 온전한 실현을 위해 두 진영 간의 균형적 통합과 상호보완적 실천이 절실함을 제언한다. 나아가 하나님 나라 복음이 오늘날 교회와 세상에서 구체적으로 구현될 지점을 선별하여 다섯 영역으로 제시한다. 곧 공적 영역(탈성장/대안경제), 정의의 영역(해방/정치신학), 이주민 선교 영역(디아스포라), 디지털 영역, 그리고 생명 영역(생태 위기) 등이다. 결론적으로 교회는 이 모든 지형에서 세상 한가운데 파송된 선교적 존재로서 하나님 나라 복음의 총체적 가치를 실현할 수 있어야 한다.

선교, 그 궁극적 목적을 묻다

'하나님 나라'(The Kingdom of God)는 기독교 신학의 핵심 개념으로 신앙의 본질과 구속사 이해에 중심적인 열쇠를 제공한다. 이 때문에 변화하는 시대와 문화에서도 기독교 신앙과 선교의 토대를 규정하는 힘으로서 현재성과 초월성을 함께 지닌다. 그래서인지 하나님 나라는 신구약 성경 전체에서 다양하게 나타나지만, 그 본질적 속성은 일관된 흐름을 유지하며 성경신학적, 구속사적 통일성을 보여준다. 따라서 하나님 나라의 의미를 제대로 이해하기 위해서는 신구약에 드러난 하나님 나라를 연속성과 일관성의 관점에서 통합적으로 살피는 자세가 필요하다. 나아가 하나님 나라 개념이 모든 민족의 기쁜 소식(복음)으로 작동하도록 오늘날의 현장에서 이 나라가 어떻게 이해되고 실천되어야 하는지를 성찰하는 일은 필연적이다.

구약과 신약에 나타난 하나님 나라를 간략히 살피면, 먼저 구약에서는 이스라엘을 중심으로 한 하나님의 주권적 통치와 메시아를 고대하는 언약적 기대 속에서 형성된다. 반면, 신약에서는 예수 그리스도를 통로로 구약의 예언이 성취되고, 교회의 시작과 함께 하나님 나라의 실현이 전 지구적으로 확장하는 현재적 특성을 지닌다. 또 그리스도께서 재림하실 때 그 나라가 완성될 종말론적 차원도 함께 가지므로 하나님 나라는 현재성과 내세성이 공존하는 긴장 속에 놓인다. 이런 관점에서 하나님 나라는 죽음 이후에나 실현되는 먼 미래의 나라가 아니라 이미 예수 그리스도의 오심으로 현실 세계로 들어온 나라다. 비록 아직 완전하지는 않지만, 완성을 향한 소망 안에서 우리의 세계와 맞닿아 있는 실재다. 그러므로 하나님 나라는 현재적이면서 동시에 내세적이다.

달리 말해, 창조주 하나님의 영존처럼 그분의 나라, 그분의 복음은 영원하다. 따라서 우리는 성경에 나타난 하나님 나라의 특징들을 올바로 이해하기 위해 신구약 성경 각각의 하나님 나라와 복음의 의미를 살피고, 그 사이의 유기적 연속성을 추적하여 성경적·신학적 일관성을 확인해야 한다. 또 하나님 나라의 영원성 안에서 그 나라가 어떻게 우리의 현실 안에서 작동하며 영적·윤리적·사회적으로 구체화하는지 탐구해야 한다.

이러한 맥락에서 이 장은 하나님 나라를 신앙의 본질과 구속사의 열쇠라는 인식 아래 하나님의 선교적 관점에서 조명한다. 먼저 성경신학적 분석을 통해 구약의 선지자적 전통과 신약의 예수 가르침에 나타난 하나님 나라 개념을 '하나님의 선교'(Missio Dei)를 위한 성경의 핵심 사상으로 정립한다. 그리고 현대선교신학의 관점에서 로잔 운동(The Lausanne Movement)을 중심으로 한 복음주의와 세계교회협의회(World Council of Churches, 이후 'WCC') 중심의 에큐메니컬 신학(Ecumenical Theology)을 함께 살핀다. 두 전통은 하나님 나라에 대한 공통된 신학적 기반을 지니지만, 강점과 접근 방식에서 차이를 보인다. 그러므로 양 진영의 신학을 건설적으로 통합하고 실천적 대안을 제시하는 일은 오늘날 교회가 하나님 나라의 온전성을 실현하는 데 필수적이다. 더불어 이러한 조화와 균형은 총체적(통전적) 선교의 가능성을 넓히는 길이며, 하나님 나라의 복음으로 구속받은 교회와 그리스도인 모두의 본질적 사명이다.

따라서 이 장은 다음과 같은 순서로 전개된다. 첫째, 성경적·신학적 관점에서 신구약에 나타난 하나님 나라를 각각 살피고, 그 연속성과 일관성의 관점에서 통합적으로 이해한다. 둘째, 하나님의 선교적 관점에서 현대선교신학의 양대 흐름인 복음주의와 에큐메니컬 진영이 말하는 하나님 나라 이해를 분석한다. 셋째, 현대 사회에서 교회와 그리스도인이 구현해야 할 하나님 나라의 실제를 다섯 가지 영역으로 선별하여 구체화한다. 곧 (1) 공적 영역—탈성장과 대안 경제, 지역사회 문화의 변혁, (2) 정의의 영역—해방과 정치신학을 통한 정의 구현, (3) 이주민 선교—디아스포라 공동체와의 동행, (4) 디지털 영역—신앙 소통과 공동체적 연대, (5) 생명 영역—생태 위기 속 생명 선교 등이다.

특히 이 글은 선교의 목적을 다루는 장으로서 하나님 나라의 올바른 개념 이해를 위해 통합적 균형에 초점을 둔다. 이러한 시도에는 다음의 네 가지 목표가 있다. 그것은 (1) 개인적 변화와 사회적 변혁의 통합, (2) 영적 성숙과 사회 참여의 연결을 통한 새로운 기독교 문화 창조, (3) 윤리적 과제와 사회적 불평등 구조에 대한 포괄적 대응, (4) 총체적 선교 개념과 교회의 선교적 역할 확장을 통한 생태적 책임 실현 등이다. 이를 통해 우리는 복음주의와 에큐메니컬 신학의 고유한 통찰을 상호보완적으로 수용하고, 하나님 나라의 복음을 구현하기 위한 신학적 토대를 마련할 수 있다. 이러한 과정은 오늘날 모든 교회와 그리스도인의 삶에 나타나야 할 하나님 나라 복음의 참의미를 드러내고, 이를 구체적으로 가시화하기 위한 여정이다. 왜냐하면 우리는 모두 그 나라의 복음 안에서 새 생명을 받은 존재로서 하나님의 궁극적인 목적에 참여하는 삼위일체 하나님의 선교적 동역자이기 때문이다.

성경의 하나님 나라 이해

| 태동하는 하나님 나라, 선지자들의 외침과 희망

선지자들은 하나님 나라를 '통치'와 '이스라엘의 회복'이라는 두 축에서 다양하게 선포했다. 이들이 믿고 선포한 하나님 나라는 세속적 권위와 수직적 위계에 따른 왕국적 정치 개념이 아니라 하나님의 통치가 이 땅에서 온전히 이뤄지는 현재와 미래 구속의 나라였다. 곧 이 나라는 미래의 사건만이 아닌 선지자들이 살아가는 그곳에서 사회 정의와 공의로 실현되는 현재의 나라임을 말한다. 그러면 이에 대한 구체적인 내용을 살펴보자.

첫째, 하나님 나라는 언급한바 '**하나님의 주권적 통치가 실현되는 나라**'다. 이것은 지리적·정치적 개념을 넘어 창조주 하나님의 신적 통치가 모든 피조 세계에 실제로 행해지는 것으로서 불의의 심판, 정의의 회복, 평화의 실현 세계를 지향한다. 이와 연관하여 크리스토퍼 라이트(Christopher Wright)는 성경을 '하나님의 선교'의 7막(창조-반역-약속-그리스도-선교-심판-새 창조) 드라마, 곧 '선교적 해석학'(Missional Hermeneutics)의 관점에서 조망한다. 그는 예언서를 '구약의 약속'(3막)으로 분류하여 하나님께서 이스라엘을 택하시고 한 땅을 허락하심으로써 그곳과 그들을 중심으로 모든 민족을 향한 선교적 사명을 부여하셨다고 설명한다.[1] 또 석진성은 시편 1편과 19편에서 "온 땅," "세상 끝," "하늘 이 끝에서 저 끝까지" 등의 우주적 언어에 주목하면서 하나님의 통치가 특정 민족을 넘어 보편적으로 확장되었다고 분석한다.[2] 이처럼 구약

---

1) 크리스토퍼 라이트/정효진 역, 『하나님의 선교, 세상을 바꾸다』 (서울: IVP, 2024), 41, 51.

2) 석진성, "시편 1권에 나타난 창조 주제의 신학적/해석학적 기능," 「ACTS 신학저널」 38(2018), 60, 69.

의 예언서는 이스라엘의 종교적·사회적 타락을 폭로하면서 하나님의 보편적 주권을 선포하는 사명을 감당하였다. 이런 관점에서 선지자들은 하나님의 통치가 실제 행사되는 나라로서 우상숭배, 사회적 불의, 정치·경제적 착취 구조와 같은 기독교적 타락과 사회적 악을 비판하고, 정의와 공의의 회복을 위한 선포자로 활동하였다.[3] 따라서 라이트가 주장한 하나님의 선교는 전통적인 복음의 이해와 함께 사회적 책임과 샬롬을 포함하는 총체적이고 광의적인 개념이라 할 수 있다.

둘째, 사회적 맥락에서 하나님 나라는 **'정의와 공의가 실현되는 현세적 나라'**다. 월터 브루그만(Walter Brueggemann)은 하나님 나라를 기존의 질서를 해체하고, 새로운 현실을 상상하도록 촉구하는 '선지자적 상상력'의 산물로 본다. 그의 관점에서 선지자는 억압적 질서를 비판하고, 하나님의 정의와 공의가 이루어지는 대안적 세계를 선포하는 자다. 특히 그는 모세를 패러다임적 선지자의 출발점으로 제시하면서 선지자의 역할을 '비판'(criticize)과 '대안 의식'(alternative consciousness)으로 규정한다.[4] 예를 들어, 이사야는 바벨론 포로기 이후 새 창조와 공의의 하나님 나라를 선포했고(사 11:1-9, 65:17), 아모스는 불의한 경제·종교 체제를 비판하면서 "정의를 강물같이 흐르게 하라"(암 5:24)고 외쳤다. 그래서 예언적 상상력과 사역의 임무는 오랫동안 억눌려온 희망과 갈망을 대중에게 표현하면서 공동체를 하나님 주권적 신앙으로 되돌리는 것이라고 그는 주장한다.[5] 그러므로 선지자들에게 중요한 것은 하나님 나라의 실현 가능성을 따지는 것이 아니라 우선적으로 그 나라의 비전

---

3) 크리스토퍼 라이트, 『하나님의 선교, 세상을 바꾸다』, 31, 54.

4) Walter Brueggemann, *The Prophetic Imagination*, (Philadelphia: Fortress Press, 1978), 13-16.

5) Ibid., 67-68.

현대선교신학의 주요 용어들 2

을 상상하는 것이다. 이와 같은 의미에서 존 골딩게이(John Goldingay)는 하나님의 요구를 미가서 6장 8절을 예로 '겸손으로 하나님과 함께 행하는 것,' '인자 사랑,' '정의 행함'으로 제시한다. 이것은 하나님 나라가 단순한 종교적 이상이 아니라 실천적 삶에서 구현되는 윤리적 현실임을 보여준다. 나아가 그는 새 언약(렘 31:31-34)을 하나님 나라의 완성과 연결된 개념으로 해석하면서 선지자들의 하나님 나라가 현재의 사회 윤리와 미래의 종말론적 희망을 통합하는 구조[6]를 지닌다고 분석한다.

셋째, 하나님 나라는 **'장차 완성될 궁극적 회복과 정의의 나라'**다. 선지자들은 불의한 현실을 날카롭게 비판했지만, 종말론적 희망 안에서 하나님의 통치가 완전히 실현될 미래를 선포하였다. 이것은 단순히 역사적 발전으로 이뤄지는 성취가 아니라 현실의 억압과 불의를 극복하시는 하나님의 주도적 종말 사건으로 이해된다. 이러한 관점에서 예언서들은 하나님 나라의 미래적 실현을 다양한 상징과 언어로 묘사했다. 이사야는 장차 오실 메시아를 통해 영원한 하나님 나라를 예언했고(사 9:7; 65:17-25), 예레미야는 다윗의 후손을 통한 하나님 나라의 완성을 강조했으며(렘 23:5-6, 31:31-34), 다니엘은 인간의 제국을 무너뜨릴 영원한 하나님 나라를 선포했다(단 2:44, 7:13-14). 또 아모스와 미가 역시 하나님 나라의 도래를 정의와 평화의 완전한 회복과 연결했다(암 5:24; 미 4:1-5). 이런 맥락에서 게하르두스 보스(Geerhardus Vos)는 이를 "이미 시작되었으나 아직 완성되지 않은" 하나님 나라로 규정했고,[7] 오스

---

6) Rick Hess, "Old Testament Theology. Volume Two. Israel's Faith," *Denver Journal*, March 2008. accessed April 2, 2025, https://denverjournal.denverseminary.edu/the-denver-journal-article/old-testament-theology-volume-two-israels-faith/

7) Geerhardus Vos, *The Teaching of Jesus Concerning the Kingdom of God and the Church*, (N.Y.:American Tract Society, 1903), 50-55.

카 쿨만(Oscar Cullmann)은 '이미'와 '아직'의 긴장을 강조하면서 그리스도의 초림을 하나님 나라의 시작(D-Day), 재림을 완성(V-Day)으로 설명했으며,[8] 톰 라이트(N. T. Wright)는 예수의 공생애와 죽음, 그리고 부활을 새 창조의 출발로 보고 새 하늘과 새 땅에서 완전한 하나님 나라가 실현될 것[9]이라고 주장하였다. 이와 같이 예언자적 전통은 하나님 나라의 신학적 의미와 함께 현대적 함의도 담고 있다. 그것은,

(1) 특정 민족에 국한되지 않는 하나님의 주권 확립

(2) 모든 민족을 위한 중재자로 부름을 받은 제사장 나라로서 이스라엘의 선교적 사명

(3) 심판과 구속의 긴장을 내포하여 악을 심판함과 동시에 회복을 제공하는 구원의 나라

(4) 모든 민족을 향한 구속적 계획으로 열려 있는 나라

(5) "이미 시작되었으나 아직 완성되지 않은" 현재와 미래를 함께 품은 종말론적 긴장

으로 요약된다. 따라서 하나님 나라에 대한 이해는 모든 시공간을 초월하여 모든 교회와 사회에 중요한 실천적 의미도 다음과 같이 제공한다.

(1) 교회는 정의와 평화를 실천하는 공동체로서 사회적 책임을 감당해야 할 존재이며, 이는 신앙의 사회적 차원을 뒷받침하는 신학적 기초가 된다.

---

8) Oscar Cullmann, *Christ and Time*, (London: SCM, 1946), 84-90; Oscar Cullmann, *Salvation in History*, (London: SCM, 1967), 213-214.

9) N. T. Wright, *Surprised by Hope*, (N.Y.: HarperOne, 2007), 204-209.

현대선교신학의 주요 용어들 2

(2) 하나님 나라의 보편성은 교회를 선교적 공동체로 규정하므로 교회는 특정 지역이나 민족의 경계를 넘어 세계 전체를 향해 복음전파의 사명을 감당해야 한다.

(3) 하나님 나라는 미래 소망에만 머무르지 않고 이미 시작된 현실이기에 교회는 그 가치를 일상에서 실천하는 공동체로 살아가야 한다.

결국, 예언자적 전통은 하나님 나라를 추상적 신학 개념으로 축소하지 않고, 정의와 공의, 평화와 사랑이 구체적으로 구현되는 살아 있는 신앙 원리로 제시한다. 이는 오늘날 교회가 고백적 차원을 넘어 하나님 나라를 이루는 실천 공동체로 존재하고 기능하도록 이끄는 중요한 신학적 자산이라고 말할 수 있다.

| 예수의 가르침에 담긴 하나님 나라와 종말론적 긴장

예수 그리스도의 가르침에는 구약의 선지자적 예언을 성취하시기 위해 오신 메시아로서의 정체성과 사명이 담겨 있다. 그리고 그 핵심에는 하나님 나라의 복음이 있다. 이는 사도들이 쓴 복음서 전체에서 확인시켜 준다. 각 복음서의 서두는 모두 예수가 약속된 메시아이자 하나님 나라의 도래를 선포한 분임을 증언한다. "아브라함과 다윗의 자손 예수 그리스도의 계보"(마 1:1), "하나님의 아들 예수 그리스도의 복음의 시작"(막 1:1), "다윗의 동네에서 나신 구주"(눅 2:10), "성육신하신 독생자"(요 1:14)와 같은 표현이 그것이다. 특히 마가복음 1장 14절에서는 예수의 메시지를 "하나님의 복음"(τὸ εὐαγγέλιον τοῦ θεοῦ)으로 명시하면서 그분의 공생애가 하나님 나라 선포와 긴밀히 연결되어 있음을 강조한다.[10] 그렇다면 예수께서 전하신 복음, 곧 하나님 나라는 어떤 나라일까?

첫째, 그리스도의 복음은 '**하나님 나라**(βασιλεία τοῦ θεοῦ)**의 도래**'라는 결정적 사건[11]을 중심에 두고 있다. 이것은 하나님께서 친히 시작하고 주도하시는 구원과 통치의 소식이다. 곧 예수의 성육신은 하나님 나라가 역사 속에 들어온 결정적 징표로서 그분의 사역은 하나님의 구속과 통치를 실현하는 선포와 구현으로 이해된다. "때가 찼다"(Πεπλήρωται ὁ καιρός)는 마가복음 1장 15절의 선언은 그 의미를 더욱 분명히 드러내는데, 이는 인류 역사의 분기점에서 하나님의 결정적 개입이 시작되었음을 의미한다. 동시에 옛 시대가 종결되고 새 시대가 열렸다는 종말론적 의미[12]를 함축한다.

둘째, 예수의 하나님 나라 복음은 단지 새 시대의 도래를 넘어 '**악의 세력의 종말**'을 선포하는 사건이다. 비록 그 나라는 예수 안에서 시작되었으나 아직 완전하게 성취되지 않은 긴장 속에 존재한다. 이는 사탄의 권세가 결정적으로 패배했으나 완전한 종말에는 이르지 않았다는 말이다. 예수께서 사탄의 시험을 말씀으로 이기신 광야는 그 긴장의 서막을 드러내고, 귀신을 쫓아내시면서 "하나님 나라가 이미 임했다"(마 12:28)라고 선언하신 것은 그 나라의 현존적 실재를 명확히 드러낸다. 따라서 하나님 나라의 도래는 악의 권세를 무너뜨리는 종말론적 사건으로서 예수의 사역은 하나님 나라와 어두운 세력 간의 치열한 대립을 드러내는 구속사적 현장이다. 이에 스캇 맥

---

10) 김신구, 『통섭적 목회 패러다임』 (고양: 나눔사, 2023), 46.

11) 김종성, "예수 전승에 나타난 하나님 나라에 대한 선교적 이해," 「선교신학」 39(2015), 149.

12) 먼저 "결정적인 순간이 도래하였다"는 해석 지지 학자는 헤르만 리델보스(H. N. Ridderbos), 로버트 귤리히(R. A. Guelich), R. T. 프란스(R. T. France), 래리 허타도(L. W. Hurtado), 양용의 등이고, 다음으로 "옛 시대가 끝났다"는 해석 지지 학자는 마커스 보그(Marcus J. Borg)가 있다. 신현우, "예수의 하나님 나라 선포: 마가복음 1:14-15 연구," 「신약연구」 35(2014), 381.

나이트(Scot McKnight)는 예수께서 하나님 나라의 도래를 확신하셨으며, 그분의 사역은 사탄의 왕국을 괴멸하는 과정이라고 해석한다.[13]

셋째, 하나님 나라의 복음은 개인의 차원을 넘어선 **'보편적 선교'**의 성격을 지닌다. 예수께서 제자들을 부르신 일(막 1:17, 2:14)은 단순한 개인적 결단을 넘어 새로운 선교 공동체의 형성을 뜻하고, 열두 사도의 파송(마 10)은 이스라엘 열두 지파를 상징적으로 포괄하는 보편적 하나님 나라 운동을 보여준다. 이처럼 하나님 나라 복음은 모든 족속과 민족을 향한 우주적 선교의 부르심으로, 제자들은 하나님의 대사(ambassador)와 표지(sign), 대리자(agent)로서 하나님 나라를 선포하도록 세움을 받았다. 그렇기에 교회의 존재는 그저 한 종교 공동체의 형성이 아니라 하나님 나라를 증언하고 확장하는 선교적 사명을 본질로 한다. 교회는 예수의 메시아 되심을 고백함에서 출발하고, 모든 사역은 하나님의 선교와 직결된다. 따라서 복음 전도와 제자 양육, 교회의 공동체적 성장은 하나님 나라 확장의 구체적인 방식으로 이해된다.[14] 나아가 하나님 나라의 복음은 영적 구속에만 머물지 않고, 사회적 정의, 경제적 해방, 인권 회복, 평화의 실천을 포괄하는 공적 차원을 가진다. 특히 예수께서 이사야 61장을 자신에게 적용하신 것은 희년의 해방과 정의의 실천을 통해 하나님 나라가 공적으로 구현되어야 함을 보여주는 사건이다. 결국, 교회는 사회적 불의에 맞서고, 정의와 평화, 화해와 치유를 실천하는 공적 제자도의 공동체로 부름을 받은 것이다. 이것이 바로 오늘날 교회가 세상에서 하나님 나라를 드러내는 대항 문화적 선교 공동체로 존재해야

---

13) 스캇 맥나이트/박세혁 역, 『예수 왕의 복음』 (서울: 새물결플러스, 2017), 152.

14) 도널드 맥가브란/최동규 외 4인 역, 『교회성장 이해』 (서울: 대한기독교서회, 2017), 35; George G. Hunter III, *The Contagious Congregation: Frontiers in Evangelism and Church Growth*, (Nashville: Abingdon Press, 1979), 23-25.

할 이유이다.[15)]

넷째, 하나님 나라 복음의 실현은 예수의 **'성육신과 고난, 십자가에서 돌아가심, 부활을 통해 구체화'**된다. 성육신은 단순히 천국에 이르는 방편이 아니라 하나님 나라를 실현하는 본질적 방식이다. 예수의 십자가는 고난을 통해 완성되는 나라의 실체를 드러내며, 그분의 부활은 하나님의 통치가 궁극적으로 완성되었음을 보여준다. 그래서 예수께서는 고난받는 종(사 61:1-2)의 모습[16)]으로 하나님의 통치를 이루셨고, 그분의 사역 전체는 하나님 나라의 실제적 실현 과정이었다. 따라서 하나님 나라는 내세적 소망에만 머무르지 않고, 예수의 고난과 부활을 통해 이미 이 땅에서 시작된 새로운 사회적·영적 실재로 드러난다. 변화산의 사건 역시 하나님 나라가 십자가와 부활을 통해 권능으로 나타날 것[17)]임을 암시하는데, 이는 교회의 존재와 사명이 고난과 부활의 길 위에 서 있음을 상징한다.

다섯째, 예수의 하나님 나라 복음은 **"'이미 그러나 아직"**(Already but not yet)**이라는 종말론적 긴장'** 속에서 이해된다. 하나님 나라는 씨앗과 나무의 관계처럼 작고 보잘것없는 형태로, 또 이미 심겨 성장하고 있으나 그 완성은 아직 도래하지 않은 상태다.[18)] 이것은 예수의 겨자씨 비유(마 13:31-32; 막 4:30-32)에 잘 나타난다. 작은 씨앗이 자라 거대한 나무가 되듯 하나님 나라

---

15) Diana B. Bass, *Christianity for the Rest of Us: How the Neighborhood Church Is Transforming the Faith*, (San Francisco: HarperOne, 2006)의 1장(The Gift of Community), 2장(The Practice of Peace), 3장(The Way of the Cross) 참조; 아서 글라서/임윤택 역, 『성경에 나타난 하나님의 선교』 (서울: 새물결플러스, 2017), 35.

16) 톰 라이트/윤종석 역, 『톰 라이트가 묻고 예수가 답하다』 (서울: 두란노, 2013), 229.

17) 신현우, "예수의 하나님 나라 선포: 마가복음 1:14-15 연구," 393.

18) 이는 하나님 나라를 겨자씨에 비유하신 말씀(마 13:31-32; 막 4:30-32)과도 연결된다. George E. Ladd, *The Presence of the Future*, (Grand Rapids MI: Eerdmans, 1974), 234; 조지 래드/원광연 역, 『하나님 나라』 (파주: 크리스천다이제스트, 2016), 238-264.

현대선교신학의 주요 용어들 2

는 이미 시작되었지만 그 충만한 완성은 재림이라는 미래의 사건에 남아 있다. 또 약혼과 결혼의 비유, 열 처녀 비유(마 25:1-31) 역시 하나님 나라가 이미 약속되었지만 아직 완전히 성취되지 않은 실재임을 보여준다. 이러한 긴장은 교회의 사명과 직결되며, 교회는 하나님 나라의 완성을 향한 여정 속에서 복음을 선포하고 증명하는 선교적 공동체로 존재한다. 바로 이것이 조지 래드(George E. Ladd)가 설명한 것처럼 하나님 나라의 현재성과 미래성이 절대 분리될 수 없는 하나의 연속적 과정이라는 의미다. 그래서 하나님은 잃어버린 자를 찾고, 구원으로 초대하며, 심판을 통해 정의를 세우시는 분으로 역사 속에서 일하신다.[19] 따라서 하나님 나라의 복음은 하나님의 본성과 구속의 드라마(또는 크리스토퍼 라이트가 말한 '하나님의 선교'의 7막 드라마처럼) 전체를 아우르는 종말론적 실재다. 정리하면 신약에서 하나님 나라가 드러난 예수의 비유와 가르침은 다음과 같이 두 가지 의미로 구분할 수 있다.

현재적 실현과 미래적 완성의 의미

(1) 씨앗 비유(막 4:26-32), 누룩 비유(마 13:33)

(2) 가라지 비유(마 13:24-30)

(3) 혼인 잔치 비유(마 22:1-14)

(4) 열 처녀 비유(25:1-13)

가치와 도덕, 공의와 자비 평화의 의미

(1) 밭에 감춘 보화 비유(마 13:44)

(2) 끝과 섬김에 대한 가르침(막 9:33-37)

---

19) 조지 래드, 『하나님 나라』, 210-237.

(3) 포도원 품꾼 비유(마 20:1-15)

(4) 탕자 비유(눅 15:11-32)

| 끊어지지 않는 하나님 나라의 연속성과 일관성

앞서 살핀 것처럼 신구약 성경의 신학적 전개는 하나님 나라의 연속성과 확장성을 분명히 드러낸다. 복음서는 예수 그리스도를 구약의 예언을 성취한 메시아로 제시하면서 그분의 성육신을 한 종교 개혁이나 철학적 사상의 창출이 아닌 하나님 나라의 도래를 선포한 사건으로 강조한다. 이 뜻에서 예수의 선포는 이스라엘의 정치적 해방이나 민족적 승리를 넘어 인류 전체의 구원과 회복을 지향하고, 치유와 관계 회복, 악의 권세를 무너뜨리는 사역을 통해 하나님 나라의 현재적 실재를 드러내신다. 동시에 이 모든 것은 종말론적 완성을 향한 진행적 실현의 과정으로 제시된다. 곧 하나님 나라는 구약의 소망이 예수 그리스도 안에서 새로운 방식으로 성취된 구원 질서이자 구약적 기원과 신약적 완성의 연속성을 확립한다.

한편, 존 골딩게이는 예수의 성육신을 새로운 계시의 출현이 아닌 이미 이스라엘에 주어진 하나님의 자기 계시의 가시적 구현으로 해석한다. 그래서 그는 예수의 사역을 하나님의 통치 실현을 위한 구체적 사건으로 이해하면서 신약을 구약 계시의 완성으로 본다. 이러한 관점은 다소 도발적이어서 신약 계시의 독창성을 약화한다는 비판을 받지만,[20] 구약의 중요성을 간과하는 현대 신학에 경계적 의미를 제공함으로써 신구약 계시의 균형적 이해

---

20) Wilhelm J. Wessels, "Old Testament Theology; Israel's Faith (vol 2), J. Goldingay: Book Review," *Old Testament Essays* 21(2008), 752.

현대선교신학의 주요 용어들 2

를 촉구한다는 점에서는 중요한 통찰을 제공한다.

또한, 신약은 예수 그리스도를 통해 종말론적 실재가 도래했음을 선포한다. 베드로는 오순절 설교에서 예수를 부활과 승귀를 통해 주와 그리스도로 선포하며, 이를 시편과 예언서의 약속된 메시아 개념과 연결한다 (행 2:33, 36). 이처럼 선지자들이 전한 복음의 메시지(사 7:14; 9:6-7; 53; 렘 31:31-34; 겔 36:25-27; 단 7:13-14)는 예수 그리스도를 통해 온전히 드러난다. 이 과정에서 래드는 하나님 나라를 이미 도래했으나 아직 완성되지 않은 종말론적 실재로 규정하고, 미래적 종말론(future eschatology)과 실현된 종말론(realized eschatology) 사이의 긴장 속에서 이해해야 한다고 주장한다. 더불어 이를 위해 그는 구약의 하나님 나라 개념을 검토하고, 제2성전기 문헌을 탐색하며, 예수의 가르침을 고찰할 것을 제안한다.[21] 마치 이 글이 추구하는 것처럼. 아울러 브루그만도 예수의 사역을 당시 사회·정치적 변혁을 촉구한 선지자적 메시지로 해석하며, 이를 구약 예언 전통의 연속선상에서 본다.[22] 따라서 예수의 하나님 나라 선포는 개인적 회심을 넘어 공동체적 정의와 평화의 실현을 포함하는 총체적 구원의 비전으로 제시된다. 이처럼 신구약의 하나님 나라 이해는 하나님의 구속사 속에서 지속적으로 확장되는 일관된 이야기로 이어진다.

정리하면, 하나님 나라 개념은 구약의 기대(또는 기원)가 신약의 성취(또는 실현)로 확장되면서 그 의미의 일관성과 연속성을 보존한다. 구약은 이스라엘 중심의 하나님 주권으로, 신약은 예수의 비유와 가르침을 통해 보편적·영적·우주적 차원으로 확장한다. 예수께서는 하나님 나라의 도래로써 은혜,

---

21) George E. Ladd, *The Presence of the Future*, 42

22) Walter Brueggemann, *The Prophetic Imagination*, 103.

자비, 공의, 정의, 화해, 평화 등 하나님 나라의 핵심 가치를 구현하며, 구약과 신약을 잇는 통전적 질서를 드러내신다. 그리고 "이미"와 "아직"의 긴장은 하나님 나라의 종말론적 구조를 규정하는 핵심적 신학 범주가 된다. 결국, 선지자적 전통과 예수의 가르침은 하나님 나라 개념의 일관성과 연속성 속에서 완전한 통합을 이루며, 오늘날의 신학적 성찰과 실천적 신앙의 방향을 규정하는 중심 토대가 된다.

현대선교신학의 하나님 나라 이해

하나님 나라 개념은 교회사 속에서 다양하게 해석되었지만, 현대선교신학에서는 복음주의와 에큐메니컬이라는 두 흐름 안에서 뚜렷한 발전을 보였다. 비록 양 진영은 하나님 나라와 하나님의 선교라는 공통 목적과 목표, 핵심 신학을 공유하지만, 접근 방식과 강조점의 차이는 실천의 다양성으로 나타나며, 어떤 지점에서는 통합과 조화의 필요성을 제기한다. 이는 양 진영이 본질적으로 대립 관계라는 것이 아니라 상호 보완의 필요성과 중요성을 보여주는 지점이라고 말할 수 있다. 그러면 양 진영이 하나님 나라를 어떻게 이해하는지를 살펴보자.

| 로잔의 복음주의

복음주의는 하나님 나라를 '예수 그리스도'와 그분의 공동체인 '교회'를 중심으로 총체적 선교(integral mission)를 추구한다. 로잔 마닐라 선언(The

     현대선교신학의 주요 용어들 2

Lausanne Manila Commitment, 1989) 제9항은 정의와 평화의 하나님 나라를 선포하면서 개인적이든 구조적이든 모든 불의와 억압을 고발하는 예언자적 증언의 사명을 강조한다. 복음은 "악의 권세로부터의 구원과 영원한 하나님 나라의 건설, 그리고 하나님의 최종적 승리에 관한 기쁜 소식"으로 정의되는데, 이것은 그리스도의 역사적 인격 안에서 드러나고, 그분 안에서 새 창조에 참여하게 하시며, 종말에 완성될 새로운 하나님 나라로의 초대와 약속으로 이어진다. 이러한 완성을 통해 모든 악은 제거되고, 피조 세계는 구속되며, 하나님의 영원한 통치는 실현된다.[23] 따라서 복음주의의 하나님 나라 선포는 복음(또는 구두 복음 전도)과 사회적 책임을 통합하며, 폭력·부패·착취·인권 유린 등 구조적 악에 대한 예언자적 저항을 요청한다.[24] 이러한 관점에서 매일의 일상사와 행위는 하나님의 구속사 안에서 영원한 의미를 지니며, 예수의 이름으로 행하는 삶 자체가 하나님 나라의 확장을 이끈다고 본다. 이런 이유에서 복음주의는 하나님 나라의 실현을 위해 예수의 인격과 사역으로 돌아가는 메시아적 영성을 강조한다.[25] 그러면 하나님 나라에 대한 복음주의자들의 구약적 이해를 살펴보자.

찰스 벤 엥겐(Charles Van Engen)은 신명기 10장 15절과 창세기 15장의 언약을 토대로 이스라엘을 '왕 되신 하나님의 언약 공동체'로 이해한다. 그는 하나님 나라를 공간적 제도나 국가적 체계가 아닌 예수와 성령을 통한 하나님의 통치로 보며, 현재성과 종말성을 동시에 지닌 실재로 해석한다. 이러한 이해는 헤르만 바빙크(Herman Bavinck)의 "모든 축복과 영적 총화로서의 하나

---

23) 조종남, 『세계 복음화를 위한 로잔운동의 역사와 신학』(서울: 선교횃불, 2024), 185-186, 189-190; Christopher J. H. Wright, *The Mission of God*, (Downers Grove, IL: IVP, 2006), 396.

24) 조종남, 『세계 복음화를 위한 로잔운동의 역사와 신학』, 194.

25) 마이클 프로스트 & 앨런 허쉬/지성근 역, 『새로운 교회가 온다』(서울: IVP, 2016), 207-213.

님 나라"라는 관점과도 일맥상통한다.[26] 한편, 안승오는 출애굽 사건을 단순한 해방 신학적 사건으로 한정하지 않고, 언약 백성의 형성과 선교적 정체성의 출발로 본다. 그는 하나님 나라를 위한 하나님의 선교가 교회의 왜곡된 선교 방향을 갱신하는 핵심 개념임을 인정하면서도 하나님 나라의 목적이 정치적 해방이나 복지보다 '제사장 나라'와 '거룩한 백성'의 형성[27]에 있다고 주장한다. 그러면 다음 신약적 이해로 세상으로 침투한 하나님 나라에 대해 살펴보자.

존 스토트(John Stott)와 르네 빠딜라(Ren Padilla)는 예수 그리스도를 구약 예언의 성취로 이해하고, 그분의 사역 안에서 하나님 나라의 현재적 실재가 드러난다고 본다. 빠딜라는 래드의 "이미 그러나 아직"의 종말론을 수용해 유대적 이원론(구약 예언자들의 종말론과 정반대 견해에 서 있는)을 비판한다.[28] 그는 귀신의 축출(눅 8:36), 병자 치유(막 5:34, 10:56), 죽은 자의 부활(막 5:23) 등 예수 사역의 현현을 하나님의 역동적 통치의 가시적 증거(마 12:29; 눅 11:22)로 제시한다. 따라서 복음은 도덕적·영적 차원을 넘어 인간의 물질적·사회적·심리적 영역을 포괄하는 전 인류 영역에 영향을 미치는 온 인류를 향한 소식이며, 인간의 삶 전체를 통치하시는 하나님 중심의 '새로운 사회로의 형성'으로 이해된다. 그래서 빠딜라는 하나님 나라의 복음을 예수 그리스도를 통해 이루어진 사건으로 다음과 같이 설명한다.

---

26) 찰스 밴 엥겐/임윤택 역, 『하나님의 선교적 교회』 (서울: CLC, 2014), 173, 185.

27) 안승오, 『로잔운동의 좌표와 전망』 (서울: CLC, 2023), 236-247.

28) 르네 빠딜라/이문장 역, 『복음에 대한 새로운 이해』 (대전: 대장간, 2012), 265-267; George E. Ladd, *The Presence of the Future*, 93, 145.

⑴ 실제적 사건

⑵ 전 인류적 관심사

⑶ 구약 예언의 성취

⑷ 회개와 믿음의 요청

⑸ 성령을 통한 공동체적 지속[29]

이에 브래드 하퍼(Brad Harper)와 폴 루이스 메츠거(Paul Louis Metzger) 역시 하나님 나라를 '그리스도의 인격 안에서' 백성의 마음 안에서 통치하시는 하나님의 현재적 역사로 보고, 사탄의 나라를 공격하고 악한 세대에 저항하는 그리스도 중심의 현재적 역사로 해석한다.[30] 또 언급한 것처럼 크리스토퍼 라이트는 예수의 하나님 나라 선포를 정의 구현의 정치적 혁명과 연결한다. 예수의 사역은 정결 vs 부정, 의인 vs 죄인, 안식일 규범, 식사 금기 등 기존의 사회·종교적 경계를 넘어서는 급진적인 사회적 실천이었으며, 십자가는 그분께서 체제 전복적 위협자로 간주되었음을 보여준다. 이런 맥락에서 라이트의 하나님 나라는 사회적 질서를 재편하는 공동체로 현실 속에 구현된다.

정리하면, 복음주의의 하나님 나라는 예수 그리스도의 인격과 사역 안에서 구약과 신약을 아우르는 통합적 복음의 완성으로 드러난다. 이는 하나님의 통치가 인류와 피조 세계 전체에 미치는 총체적이면서 실제적인 변혁의 과정이며, 정의·평화·화해·구속을 통해 실현되었으나 완전한 실현을 향해 진행 중인 하나님 나라 지향의 신학적 비전으로 집약된다.

---

29) 르네 빠딜라, 『복음에 대한 새로운 이해』, 268-273, 279.

30) 브래드 하퍼 & 폴 루이스 메츠거/이상은 역, 『복음주의 교회론』 (서울: CLC, 2019), 105.

에큐메니컬은 삼위일체 하나님의 구원 경륜 안에서 하나님 나라를 이해한다. 이는 화해·해방·사회 정의·평화·일치·환경·빈곤 문제 등 창조 세계 전체의 회복을 향한 '원형 회복'과 '샬롬의 질서'를 위해 '통전적 선교'(holistic mission)를 추구한다. 이러한 선이해를 바탕으로 WCC 신앙과 직제위원회의 문헌 "교회: 하나의 공동 비전을 향하여"(The Church: Towards a Common Vision) 제1항에서는 교회의 정체성과 사명을 "모든 창조를 위한 하나님의 원대한 계획(혹은 경륜, economy) 안에 뿌리를 내리고 있다. 그것은 다름 아닌 예수 그리스도에 의해 약속되고 계시된 '하나님 나라'이다."라고 진술한다. 그리고 예수의 사역은 가난한 자, 포로, 병든 자, 억압받는 자들을 향한 하나님 나라의 해방적 복음(사 61:1-2; 눅 4:18-19)으로 드러난다. 그 때문에 교회는 삼위일체 하나님의 코이노니아(생명의 교제)에 참여하는 공동체로서 이 선물을 세상 속 상처 입은 인류와 나누도록 부름을 받은 존재다. 곧 하나님의 계획은 인류와 모든 창조를 그리스도의 주권 아래 모으는 것(엡 1:10)이고, 교회는 하나님의 자비와 통치를 드러내는 하나님 나라의 표지(sign)로서 부름을 받은 공동체로 살아가야 한다. 더욱이 성령께서는 하나님 나라를 수립하시는 과정에서 교회를 인도하시고, 이 사역의 일꾼이 되도록 이끄시는 선교의 동인이 되신다.[31]

이런 취지에서 1983년 밴쿠버 WCC 총회는 "정의, 평화, 창조 질서의 보전"(Justice, Peace and Integrity of Creation, 이후 'JPIC')을 위한 협력 과정을 제안했고, 마침내 1990년 서울 세계대회(World JPIC Convocation)에서 열 가지 확언을

---

31) WCC, *The Church: Towards a Common Vision*, (Geneva: WCC Publications, 2013), 5-6, 15, 21.

발표했다. 이 대회에서 공표된 10가지 확언은 다음과 같다.

(1) 우리는 모든 권력의 행사는 하나님과의 관계에서 책임을 진다는 사실을 확언
한다.

(2) 우리는 가난한 사람들에 대한 하나님의 우선 배려를 확언한다.

(3) 우리는 모든 인종들과 백성들의 평등한 가치를 확언한다.

(4) 우리는 남성과 여성이 하나님의 형상으로 지음 받았음을 확언한다.

(5) 우리는 진리야말로 자유로운 사람들의 공동체의 초석에 놓여 있음을 확언
한다.

(6) 우리는 예수 그리스도의 평화를 확언한다.

(7) 우리는 창조 세계가 하나님의 사랑을 받는다는 사실을 확언한다.

(8) 우리는 땅이 주님의 것임을 확언한다.

(9) 우리는 젊은 세대의 존엄성과 헌신을 긍정한다.

(10) 인권은 하나님으로부터 주어진 것이라고 확언한다.[32]

같은 맥락에서 올라프 픽세 트베이트(Olav Fykse Tveit)는 "열린 마음으로 걷기: 21세기 에큐메니컬 운동을 위한 몇 가지 방향들(2010)"(To Walk with an Open Heart: Some Directions for the Ecumenical Movement in the 21st Century)에서 예수 그리스도를 새롭게 깨닫는 가능성, 십자가와 부활을 통한 하나님 계시의 빛 안에서 우리 삶의 변혁에 대한 열린 자세를 촉구하였다. 특히 그는 "정의로운 평화를 향하여 걸어가기"(An Ecumenical Call to Just Peace)에서 다음과 같이 선언하면서 이를 예수 그리스도의 복음과 우리의 공동 미래라고 천

---

32) 마이클 키나몬 & 안토니오 키레오풀로스 편저/이형기 역, 『에큐메니칼 운동』 (서울: 한들, 2013), 512-519.

명하였다.

> 전세계 모든 교회들과 모든 그리스도인들이 정의로운 평화의 길을 살아가도록 초대되고 있다. 이것은 하나님께서 우리의 발걸음을 평화의 길로 인도하시리라고 신뢰하면서 나아가는(눅 1:79), 인류와 전 피조물을 위한 하나님의 목적으로 들어가는 여정이다.… 정의로운 평화에 초점을 맞추면서, 우리는 교회들로서 무기들을 침묵시키는 것 외에, 사회정의, 법의 지배, 인권 존중과 인간 안보 공유 등을 포용하는 데에도 집중할 수 있다.… 우리는 여기서 용서와 원수 사랑, 적극적인 비폭력과 타자 존중, 온유와 긍휼을 포함한 평화의 윤리와 실천을 공유하면서, 공동체로서 함께 걷는다. 우리는 타자들과의 연대 속에서 공동선을 위하여 우리의 삶을 주려고 분투한다.… 우리는… 성령의 열매들을 주시도록 기도하면서 평화를 추구한다.… 평화는 하나님의 경이로운 손길인 창조세계를 돌보고 소중히 여기지 않으면 지속될 수 없다는 사실을… 서로 다른 삶의 길을 걸어온 이들을 만나고, 그들과 협력하며 강인함을 얻게 된다. 서로의 연약함을 인정하고, 공동의 인간됨을 확인하면서 말이다. 그때 '타자'는 더 이상 낯선 존재나 적대자가 아니라 우리가 길과 여정을 함께 나누는 동료 인간으로 다가온다.[33]

이처럼 삼위일체 하나님의 관점에서 JPIC 운동의 신학적 배경을 제공한 대표적인 에큐메니컬 신학자는 위르겐 몰트만(Jürgen Moltmann)이다. 그에

---

33) WCC, *An Ecumenical Call to Just Peace*, (Geneva: WCC, 2011), 5-7; Olav Fykse Tveit, "To Walk with an Open Heart: Some Directions for the Ecumenical Movement in the 21st Century," in *That They All May Be One: Selected Sermons, Speeches, and Articles, September 2009 to January 2011* (Geneva: WCC, 2011), 17-26; Ibid., 1173-1174에서 재인용.

  현대선교신학의 주요 용어들 2

게 예수 그리스도의 교회는 초림과 재림 사이에서 하나님 나라를 앞당겨 구현하는, 하나님의 선교를 위탁받은 대행자다. 따라서 예수와 연합한 몸 된 교회는 자신의 영역을 넘어서서 이스라엘 백성, 타 종교들, 세속 세상 및 창조 세계를 포괄하여 세상에 관여하시는 삼위일체 하나님의 선교에 동참해야 할 '생명공동체'다.[34] 결국, 종말론적 하나님 나라는 새 하늘과 새 땅의 재창조를 통해 완성되고, 이때 하나님과 인류와 만유는 사랑과 공의가 충만한 평화의 나라(creatio nova) 안에서 상호 교류와 내주의 영원한 삶을 누리게 된다. 이처럼 몰트만에게 하나님 나라는 삼위일체 하나님과 영원한 코이노니아를 누리는 창조 세계, 곧 성부의 창조 세계 완성(물질적 약속), 성자를 자유롭게 하심을 통한 우주적 확립(역사적 약속), 성령의 내주 완성(영광의 약속)으로 이해된다.[35]

아울러 단연 빼놓을 수 없는 학자는 레슬리 뉴비긴(Lesslie Newbigin)이다. 그는 하나님 나라(주기도문 언급)를 선교의 목적과 내용으로 주장하면서 서구 사회의 탈기독교화에 대한 비판과 공적 진리로서 복음의 공공성 회복, 문화와 사회 전반에 대한 복음의 영향력을 강조한다.[36] 그에게 교회는 하나님 나라를 세상에 보여주는 표지(sign, 하나님의 구속적 통치의 역사 속 임재), 미리 맛봄(foretaste, 이미 시작된 하나님의 구속 계획의 종말론적 성취를 앞당겨 체험케 하는 실현)으로써 하나님의 선교를 위한 본질적 도구(instrument, 성령의 인도 아래 구속적 통치를 삶의 모든 영역에 실현하도록 하는)다.[37]

---

34) Jürgen Moltmann, *The Church in the Power of the Spirit: A Contribution to Messianic Ecclesiology*, trans. Margaret Kohl (New York: Harper & Row, 1977), 64-65.

35) Ibid., 149.

36) Lesslie Newbigin, *The Open Secret*, (Grand Rapids: Eerdmans, 1995), 16-17, 27, 31-39.

37) Ibid., 110, 113, 150.

다음으로 에큐메니컬 관점과 운동에 적극적이면서 건전한 비판적 대화를 시도한 학자들을 살펴보겠다. 먼저 데이비드 보쉬(David Bosch)는 하나님의 선교 정의에 삼위일체 하나님의 창조, 구속, 재창조(새 창조) 사역을 모두 포함한다.[38] 그래서 선교의 영역은 특정 지역처럼 국한되지 않고, 시공을 초월한 하나님의 활동 공간으로서 인류 전체이고, 메시아 공동체인 교회의 본질은 하나님의 선교에 기인하며, 선교의 주요 내용으로 궁극적인 목적은 하나님 나라다. 또 크레이그 벤 겔더(Craig Van Gelder)는 구약에서 성령을 세상과 관련해 창조의 영(창 1:2), 인간 공동체와 관련해 생명의 영(창 2-3)으로 묘사하는데, 이 두 가지는 다시 신약으로 이어진다. 그는 예수께서 성부의 나라를 위해 성령의 능력 안에서 선포하고, 삶에서 실현해 가며, 종말론적 기대를 하고 소망하신 것을 삼위일체 하나님 선교의 가장 적절한 예로 본다. 그래서 벤 겔더에게 하나님 나라는,

(1) 인류를 넘어 온 세상과 우주를 다스리는 '하나님의 통치'

(2) 예수로 인해 인간과 세상이 하나님과 이루는 '화해의 과정'

(3) 질병 치유, 어린이와 빈자들에 대한 위로, 인간의 아픔과 고통 문제 해결, 악한 영의 추방과 함께 예수의 부활을 통해 드러나는 '회복의 표징'(하나님의 구속 사역의 능력과 임재가 실제로 작용하는 '힘의 장'(force field), 마 12:22-30; 눅 11:14-23)

---

38 하나님 나라에 대한 에큐메니컬 이해에 보쉬를 언급한 이유는, 두 진영의 관점을 아우르면서 건강한 비판적 의식 아래 건설적 협력을 추구한 중도적·복합적 학자들의 움직임과, 이 용어(하나님 나라)의 발전과 확장의 신학사를 함께 살피려는 연구 의도 때문이다. 비록 보쉬는 복음주의 선교신학자로 구분되지만, 세계교회운동에 깊이 참여하면서 교회 일치와 선교 협력에 큰 관심을 가졌고, 포괄적이고 통합적인 에큐메니컬 관점도 적극 수용·지지하였다. David J. Bosch, *Transforming Mission*, (Maryknoll, NY: Orbis Books, 1991), 389.

⑷ 성부께서 정하신 새 하늘과 새 땅의 '종말론적 완성의 나라'[39]로 정의된다.

| 양 진영의 공통 핵심 신학과 이해 차, 그리고 균형적 통합

현대선교신학은 하나님 나라의 다섯 가지 공통 핵심 신학을 가지고 있다. 이것은 앞서 살핀 성경신학적 관점과도 부합하는 것으로 다음과 같이 요약할 수 있다.

⑴ 하나님의 주권적 통치와 창조 질서

⑵ 복음으로 인한 죄와 악의 소멸

⑶ '이미 그러나 아직'의 종말론적 소망

⑷ 그리스도의 성육신으로 나타난 새로운 사회 형성

⑸ 하나님 나라를 위한 선교적 공동체(교회)

이를 각각 살피면,

첫째, **'하나님의 주권적 통치와 창조 질서'**는 그리스도의 과업이 삼위일체 하나님의 구원과 통치의 나라를 선포하는 사건임을 뜻한다. 성자의 공생애는 성령의 동역으로 이루는 성부 통치의 현존적 임재로서 하나님 나라가 실제로 땅에서 가시화되고 실현됨을 의미한다. 따라서 그리스도의 복음은 하나님의 직접적인 통치이며, 창조 세계의 원형 회복을 추구한다. 또 이러한

---

39) 벤 겔더도 보쉬처럼 복음주의 신학자로 분류되지만, 에큐메니컬 신학과 운동에 수용적인 복합적 정체성을 가진 학자로, 하나님 나라 이해는 에큐메니컬 이해와 결이 같다. Craig Van Gelder, *The Ministry of the Missional Church*, (Grand Rapids, MI: Baker Books, 2007), 31-38.

통치는 우주적인 것으로 지구 전체를 향한 보편적 복음으로 확장한다.

둘째, '복음으로 인한 죄와 악의 소멸'은 악한 시대의 종말을 선포한다. 하지만 하나님 나라의 도래에도 그것은 미완의 단계이므로 사탄의 권세가 완전한 패배에 이르지 않은 상태다. 이와 관련하여 마태복음 12장 28절에 "그러나 내가 하나님의 성령을 힘입어 귀신을 쫓아내는 것이면 하나님의 나라가 이미 너희에게 임하였느니라"라는 구절에서 '이미 임했다'(ἔφθασεν)라는 말은 '이미 실현된 종말'을 뜻한다.

셋째, '이미 그러나 아직의 종말론적 소망'은 하나님 나라의 도래로 인해 하나님의 실제적 통치가 이뤄지고 있지만, 이것은 완성이 아닌 부정한 시대의 종말론적 시점을 향하는 '실현되어 가는 종말론'(realizing eschatology)[40]으로서 초월성과 내재성의 긴장 안에서 전개된다. 이는 언급한 것처럼 하나님의 '찾으심, 초대하심, 사랑하심, 심판하심'을 하나의 연속적 흐름으로 제시하면서 이 특성 간 내적 관계를 신학적으로 드러낸 조지 래드의 주장과 부합한다. 래드는 이러한 구조를 통해 하나님 나라의 완성이 미래 사건과 함께 현재 역사에서도 동일하게 작용하는 신적 지혜의 표현임을 보여준다. 다시 말해, 그는 복음의 이야기를 하나님의 본성과 연결함으로써 하나님 나라의 현재성과 미래성을 더욱 입체적으로 조명한다.[41]

넷째, '그리스도의 성육신으로 나타난 새로운 사회 형성'은 이사야서 61장과 마가복음 14장 25절처럼 '고난받는 종'을 통해 실현된다. 그리고 이렇

---

40) 에두아르트 로제/박두환 역, 『신약성서신학』 (서울: 한국신학연구소, 2002), 50; Geerhardus Vos, *The Teaching of Jesus Concerning the Kingdom of God and the Church*, 50-55; Oscar Cullmann, *Christ and Time*, 84-90; Oscar Cullmann, *Salvation in History*, 213-214; N. T. Wright, *Surprised by Hope*, 204-209.

41) 조지 래드, 『하나님 나라』, 210-237.

게 형성된 사회야말로 '온 백성에게 미칠 큰 기쁨의 좋은 소식'(눅 2:10)이 된다. 좀 더 설명하면, 이사야 61장의 예수 적용은 1세기 이스라엘 현실 사회에서 가난하고 억압받던 이들을 향한 자유와 해방의 소식으로서 고대 이스라엘의 사회적 이상이었던 희년 실천이 메시아적 사명의 핵심임을 일러준다. 이런 의미와 함께 존 하워드 요더(John H. Yoder)는 누가의 관점에서 "희년 실천은 취사선택의 문제가 아니라 천국을 위한 선결 과정에 속한 것"[42]이라고 말하면서 예수 복음을 '원형 회복'의 사역으로 이해한다. 곧 희년적 죄 용서의 범위는 치유와 회복, 개인 차원의 정의와 샬롬을 넘어 희년 원칙, 완전한 부채 탕감, 하나님의 새로운 출애굽 성취에 따른 우주 안도의 한숨으로 확장한다.[43]

다섯째, **'하나님 나라를 위한 선교적 공동체'**로서 교회는 하나님의 선교를 위한 도구다. 삼위일체 하나님께서는 자신의 나라와 선교를 위한 그의 백성으로 부르신다. 그리고 이 나라의 시민권을 부여받은 백성들은 거룩 공동체를 이루면서 보편적 선민사상을 가지고 온 민족을 하나님께 인도하기 위해 세상으로 향한다. 그래서 택함을 받아 파송 받은 공동체는 하나님 나라의 선포자로서 하나님의 대사, 표지, 대리자다. 이런 맥락에서 헌터(George G. Hunter III)는 복음주의를 사도적이고 전도적인 관점에서 예수의 삶과 화목, 회중 안에서 예수와 동행할 기회의 의도적인 제공으로 정의한다.[44] 그 때문에 총체성(또는 통전성)을 추구하는 현대신학적 선교는 개인의 구원을 넘어 정치적이고 경제적인 억압에서 진정한 자유와 해방을 누리도록 이끄는 모든

---

42) 존 하워드 요더/신원하·권연경 역, 『예수의 정치학』 (서울: IVP, 2007), 118, 128.

43) 톰 라이트/최현만 역, 『하나님은 어떻게 왕이 되셨나』 (평택: 에클레시아북스, 2013), 318.

44) George G. Hunter III, *The Contagious Congregation*, 23-25.

활동을 포함한다. 따라서 선교적 공동체인 교회는 민족, 문화, 사상, 공간의 경계를 초월하여 모든 사람을 그리스도의 제자로 삼고, 그들을 하나님의 은혜로 초대하며, 전 지구적 차원의 온전성을 추구해야 할 삼위일체 하나님의 공동체다. 결국, 복음주의와 에큐메니컬은 성경적 복음의 다섯 가지 공통 핵심 신학을 공유하고 있다. 이러한 공통 신학은 신학적 다양성에서도 하나님 나라 복음의 일관된 중심을 형성하는 기반이 된다.

그런데 좀 더 살펴볼 것은 하나님 나라를 위한 양 진영의 이해와 강조점에서 조금 다른 부분이 있다는 사실이다. 먼저 복음주의는 성경의 권위와 복음의 중심성(통합의 중심축)을 강조하면서 하나님께 대한 충성과 영광, 하나님 나라의 건설과 성장을 위한 교회 개척·성장·확장, 제자화, 질적·양적 성장, 그리고 세계 복음화를 위한 총체적 선교를 지향한다. 또 선교 대위임령(마 28:19-21), 예수 그리스도, 교회, 양극적, 삼위일체 신학에 초점을 두면서 오는 구조(come-structures)로서 끌어모으는 교회(attractional church)의 선교를 통해 세계복음화에 힘을 기울인다. 하지만 이것이 창조 세계의 선함과 영광을 주변적으로 만들거나 간과하는 것으로 해석하는 것은 큰 오해다. 오히려 복음주의는 사회와 창조 세계 가운데 사회적이고 상황에 적합한 참여를 지지한다. 하지만 그 초점은 복음 전달의 구체화를 위한 것이다.[45] 이런 맥락에서 복음주의는 크리스텐덤(Christendom)식의 기독교 운동과 양적 성장 중심의 대형교회 운동을 비판하지만, 예수 그리스도의 몸 된 교회를 귀하게 여긴다.

반면, 에큐메니컬은 하나님 나라와 창조 세계의 샬롬을 목적으로 선교

---

45) 김신구, 『통섭적 목회 패러다임』, 124-126; 크리스토퍼 라이트, 『하나님의 선교, 세상을 바꾸다』, 126-130.

적 교회(Missional Church)와 지역 교회, 선교적 백성과 삶에 관심을 두면서 삼위일체 하나님의 선교(the Mission of the Triune God), 사회적, 공공성, 통전적 선교를 지향한다. 이에 에큐메니컬은 교회의 본질, 소명과 파송, 선교적 정체성과 일상, 공동체와 초교파적 연합, 지역성·상대성·다양성에 초점을 두고, 가는 구조(go-structures)로서 *끄집어내는* 교회(extractional church)의 외부 지향적 선교, 곧 상황화(contextualization)로서 복음과 문화, 인간과 세계의 전체적 회복(해방·정의·평화·생명·생태·구조적 악에 대한 저항 등)을 강조한다. 하지만 이것은 그리스도의 몸 된 교회를 무시한 채 세상에서 이뤄지는 하나님의 선교만 강조하는 것은 아니다.[46] 그럼에도 에큐메니컬은 교회의 선교가 아닌 세상에서 이미 실행되고 있는 삼위일체 하나님의 선교를 중심으로 교회를 선교적 도구라는 관점에 집중한 나머지 복음화보다 인간화, 사회적 정의 실현에 비중이 쏠려 교회의 본질적 사명인 복음 선포가 약화될 수 있다는 우려를 담고 있다. 아울러 교회의 존재와 방식을 본질적 자리로 되돌려 놓으려는 갱신과 건강론적 시도보다 세상사에 초점을 둬 세상을 향한, 세상을 위한 교회를 강조해 원치 않게 모이고 향하는 교회의 균형을 깨뜨릴 위험성을 다분히 가지고 있다.

결론적으로 양 진영의 복음 이해는 하나님 나라를 위한 선교로서 그 초점을 어디에 두는지와, 선교적 연합을 위한 방법론 및 접근법의 진영별 담론과 논의, 이해 차에 따른 것이지 절대 옳고 그름이나 우선성의 논의 주제는 아니다. 그럼에도 진영별 해석과 실천의 경향 그리고 정도에 따라 각기 다른 강점과 약점이 드러나며, 때때로 편향성이 표출되기도 한다. 이를테면 복음

---

46) 김신구, 『통섭적 목회 패러다임』, 127-128.

주의의 총체적 선교는 복음 선포와 사회적 책임의 신학적 통합과 수행에 초점이 있고, 에큐메니컬의 통전적 선교는 인간과 전 세계의 회복을 위한 구조적 참여와 사회적 책임에 초점이 있다. 이런 이유로 두 선교는 두루 사용되지만, 문맥에 따른 적합성이 고려된다. 그러므로 현대선교신학은 최종 목적인 하나님 나라를 위해 균형 있는 신학적 논의와 건설적 협력을 통해 긴장된 조화를 이룰 신학적 과제를 남겨두고 있다. 이것이 바로 양 진영이 서로를 비평적으로 수용하면서 동시에 하나님 나라를 함께 세워가는 선교적 통합과 협력의 길이다.

하나님 나라 구현을 위한 현대적 적용

여기에서는 지금껏 살펴본 내용을 바탕으로 하나님 나라 복음이 현대 사회에서 실천적으로 확장되어야 할 주요 지형들—공적 영역, 이주민과 디아스포라 공동체, 디지털 환경, 생태 위기—을 탐색한다. 그리고 이러한 시대적 과제 앞에서 하나님 나라가 어떻게 변혁적으로 확장될 수 있는지를 간략히 언급한다. 이 논의의 목적은 하나님 나라 복음을 시대 문화적 차원에서 변혁적으로 확장하는 선교적 방향을 탐색하는 데 있다. 곧 다차원적 실천의 통합적 접근을 위한 시론적 고찰이다. 간략히 언급하면, (1) 공적 영역에서는 탈성장과 대안 경제라는 새로운 패러다임과 지역사회 문화 변혁이 요구되고, (2) 이주민과 디아스포라 공동체에서는 문화적 정체성과 통합적 논의가 제기된다. (3) 디지털 환경에서는 신앙 소통의 새로운 방식 및 실재성에 따른 전인적 접촉과 공동체 형성의 어려움이 주목받고, (4) 생태 위

　　　　　　　　　　　　　　　현대선교신학의 주요 용어들 2

기는 창조 신학과 정의 신학을 통합하는 신학적 도전으로 작용한다. 이처럼 양 진영의 주장을 구체적으로 실현하기 위해서 상호보완의 실천을 논하는 것은 성경에서 말씀하시는 하나님 나라와 복음의 참된 의미를 현대적으로 적용하고 실천하려는 '신학적 균형과 통합의 과정'이라고 볼 수 있다. 하지만 이 부분에 대한 구체적인 논의는 『현대선교신학의 주요 용어들 3』에서 다루기로 하고, 여기에서는 그 방향과 의의를 간략히 제시하는 데 그친다.

| 공적 영역으로서 탈성장, 대안 경제, 지역사회 문화의 변혁

하나님 나라의 구현은 개인의 회심과 함께 사회의 구조와 문화, 경제의 방향까지 새롭게 하는 공적 변혁으로 확장되어야 한다. 조샘은 시장 경제 속에서 복음의 증거를 단순히 반(反) 문화적·시장적 태도가 아닌 하나님의 질서 아래 문화를 구속하는 적극적 참여로 이해한다. 그는 무한 경쟁과 소비주의를 멈추고 참된 안식과 절제를 실천하는 것이 청지기적 저항이자 복음의 증거임을 강조한다. 또 교회 공동체는 조건 없는 사랑과 용서를 실천함으로써 거래를 넘어선 관계적 경제, 곧 성령 안에서 형성된 대안적 연대 공동체를 구현해야 한다고 말한다.[47]

이러한 관점에서 하워드 스나이더(Howard A. Snyder)는 교회를 세상 속 대항 문화적 대안 공동체로 이해한다. 그의 교회 이해 중 '경제(economy)로서의 교회'는 하나님의 질서 안에서의 인간 돌봄과 책임성으로 보고, 이를 통해 공동체적 자본주의와 공공선을 추구하는 '하나님의 경제'를 강조한다.[48]

---

47) 이박행·양현표 책임편집, 『겸직 목회』(서울: 솔로몬, 2022), 543-549.

48) 하워드 스나이더/최형근 역, 『교회 DNA』(서울: IVP, 2006), 268-270.

그러나 스나이더는 '언제 그리고 어떤 의미에서 교회가 문화이고, 하부 문화이며, 혹은 대항문화인가?'라는 질문의 필요성을 언급하면서 교회가 조건 없고, 무분별한 대항적 존재는 아니라고 말을 덧붙인다.[49] 여기에서 탈성장과 변혁은 절제력을 상실한 채 과도한 욕망과 경쟁주의에 따른 물질주의적 성장에서 벗어나야 한다는 의미와 맞닿아 있으며, 절제와 공평, 돌봄과 나눔을 중심으로 한 생명 중심적 경제 질서로 나아가는 길을 의미한다.

따라서 공적 차원의 하나님 나라 구현은 지역사회의 변화를 통해 구체화할 수 있다. 가정, 학교, 일터, 마을 등은 선교적 교회의 중심이며, 희년적 가치와 회심의 확장을 통해 지역의 변혁을 이끄는 공간이 되어야 한다. 교회는 사회문화적·경제의 그물망 속에서 복음을 상황화하고, 공적 자원과 인적 네트워크를 지역 복지, 교육, 문화, 도시재생 등 여러 영역에서 활용[50]함으로써 하나님 나라의 정의와 평화를 지역에서 실현하는 변혁의 주체가 되어야 한다.

| 해방의 민중, 변혁의 정치, 억압받는 자들 안에 임하는 하나님 나라

하나님 나라는 해방과 자유에서 드러나는 정의와 평화의 현실을 추구한다. 여기에서 민중신학은 사회 비판을 넘어 억압받는 자들과 함께하고, 그들의 해방을 통해 억압자까지 회심의 대상으로 삼는다. 왜냐하면 해방은 개인의 구원만이 아니라 억압자들의 변화까지 불러일으켜 불의한 체제와 구조의 전환을 통해 이뤄지기 때문이다. 따라서 해방신학은 정치신학과 맞닿

---

49) Ibid., 70-71, 175.

50) 김승환, "도시 재생 사업과 도시교회의 공적 참여에 관한 연구," 「신학과 실천」 83(2023), 572. 이외 김승환, "공공신학 관점에서 바라본 공적 목회론에 관한 연구," 신학과 실천 86(2023); 구본경, "공공성 실천의 주체로서의 교회: 교회 상담 센터를 중심으로," 「신학과 실천」 94(2025) 참조.

는다. 이런 측면에서 다니엘 벨(Daniel M. Bell)은 해방신학을 현 체제에 대한 도전적 혁명으로 보고, 교회를 종말론적 미래에 기반한 비평적 자유의 주체로 이해한다.[51] 곧 해방신학은 공공신학으로, 공공신학은 정치신학으로 확장하기에 이 모두는 하나님 나라를 향한 변혁의 지평으로서 통합적으로 이해될 수 있다. 따라서 오늘날 하나님 나라의 구현은 개인과 교회 안에서의 신앙 행위를 넘어 사회 구조와 정치 질서의 변화를 향한 삼위일체적 통치의 확장으로 나아가야 한다. 이를 구체적으로 살피면 다음과 같다.

해방신학적으로는 다음과 같은 것을 통해 실천적 주체로 설 수 있다.

(1) 노동자·농민·이주민·빈민 등 사회적 약자를 위한 공동체 형성과 돌봄

(2) 차별과 착취에 맞서는 인권 운동 참여

(3) 민주화·노동 운동 등 사회 변혁 운동과의 연대

정치·공공신학적으로는 다음과 같은 것을 통해 공공성을 회복할 수 있다.

(1) 국가 권력과 불공정 구조를 비판하고 대안을 제시하는 정책적 선교

(2) 시민 단체·공청회·감시 활동을 통한 공적 참여로써 권력의 부패 견제

(3) 사회 각 분야에 정의와 공공선을 추구하는 윤리적 리더십 정립

(4) 교회의 자원을 개방해 지역사회 복지와 교육, 문화 프로그램 제공

이러한 실천은 억압과 불의의 구조를 비판하면서 동시에 대안을 상상하는 선지자적 상상력의 구현이라고 말할 수 있다. 따라서 교회는 특정 이념

---

51) Daniel M. Bell, "State and Civil Society," in *The Blackwell Companion to Political Theology*, edited by Peter Scott and Wiiliam T. Cavanauggh (Oxford: Blackwell, 2004), 423-438.

에 치우치지 않으면서 기독교적 가치와 공공선을 기반으로 성숙한 시민 신앙인을 양성해야 한다.

결국, 하나님 나라의 정치적·사회적 구현은 복음 전도와 사회적 책임이 통합된 총체적·통전적 선교 운동을 통해 실현되어야 한다. 교회는 영적 구원과 사회적 구원의 조화로운 균형과 긴장 관계를 이루면서 하나님 나라의 정의와 평화를 증언하는 공적 신앙 공동체로 서야 한다.

| 이주민 선교에서 디아스포라 선교로, '위함'을 넘어 '함께'로

한국 사회의 다문화화는 외국인 체류 인구의 급증과 함께 이주민 선교의 중요성을 부각시켰다. 그러나 '이주민 선교'의 개념을 초월하여 그들을 역사적·문화적·종교적 맥락에서 이해하는 '디아스포라 선교'로의 전환도 필요하다. 이는 체류 기간이나 국적, 이동 동기와 무관하게 이들이 한국 사회에서 민족적 정체성과 문화적 안정감을 유지할 수 있도록 하는 것이 인도주의를 넘어 선교적 공공성의 과제로 판단되기 때문이다. 현재 이들에 대한 국내 논의는 환대, 돌봄, 연대 등의 가치에 집중하지만, 이주민과 디아스포라의 구분 없이 논의되는 경우가 많다. 따라서 '이주민 선교에서 디아스포라 선교로,' '위함을 넘어 함께하는 선교'로의 전환을 통해 하나님 나라를 실현해야 할 것이다. 이러한 선교는 대상화된 타자에게 일방적으로 복음을 전달하는 형태가 아니라 상호 이해와 협력 안에서 공동의 선교적 비전을 세워가는 참여의 과정으로 이루어져야 한다. 이런 차원에서 황종하는 효과적인 다문화 목회 전략으로 다음을 제안한다.

(1) 교회 내 공감대 형성(목회자·평신도 인식 전환, 이주민의 자각)

(2) 사역 대상별 전략(정주자 대상 복지·교육 지원, 비정주자 대상 제자훈련)

(3) 다문화 교회 운영(재정·언어·조직 구조의 다양화)[52]

또 김영동은 에녹 완(Enoch Wan)과 사디리 티라(Sadiri Joy Tira)의 디아스포라 선교학에 따라 다음의 네 가지 선교 방향을 말한다.

(1) '디아스포라를 향한'(to the Diaspora)

(2) '디아스포라를 통한'(through the Diaspora)

(3) '디아스포라에 의한 그리고 넘어서는'(by and beyond the Diaspora)

(4) '디아스포라와 함께하는'(with the Diaspora)

그리고 이를 바탕으로 다음을 제언한다.

(1) 조건 없는 환대 실천

(2) 디아스포라 교회의 성장과 세대 간 다문화 공동체 형성

(3) 디아스포라 기독 공동체에서 디아스포라 선교적 공동체로의 변화[53]

끝으로 김아영은 포괄적으로 국내 무슬림 난민 사역의 출발점을 예수 그리스도의 환대 정신에서 찾는다. 십자가에서 보여주신 그리스도의 자기

---

52) 황종하, "한국교회의 효과적인 다문화 목회 전략," 「선교신학」 58(2020), 430-446.

53) Enoch Wan and Sadiri Joy Tira, eds., "Diaspora Missiology and Missions in the Context of the 21st Century," *Torch Trinity Journal* vol. 13, no. 1 (May 2010), 45-56 참조. 김영동, "디아스포라 선교학 틀에서 본 한인 디아스포라 교회의 선교신학적 과제," 「장신논단」 49(2017), 343-344.

비움을 통해 하나님께 영광을 돌리는 사역 전개 방식 중심의 선교[54]여야 한다는 주장이다.

결국, 이주민·디아스포라 선교는 시혜적 접근을 넘어 그들을 선교의 주체이자 동역자로 인식하는 선교적 패러다임으로 전환되어야 한다. 교회는 정부와 지역사회, 민간 단체와 협력하여 사회적 기업 등의 공공적 자립 구조를 지원함으로써 복음의 변혁적 힘이 사회 전반에 확장되도록 해야 한다.

| 디지털 선교, 땅끝 증인으로서 시대 문화적 새 선교지

디지털 환경은 현대사회의 새 선교지로서 신앙 의식과 정체성, 공동체 형성과 서사 구축, 종교 권위와 실천에 깊은 영향을 미친다. 온라인 공간은 개인과 공동체의 종교적 정체성을 형성하고, 오프라인 실천과 연결되어 신앙의 일상적 유익과 제자도 실천을 가능하게 한다.[55] 이러한 사회적 상호작용과 디지털 기술은 수직적 권위의 비판, 민주적 소통, 전인적 연대 형성을 가능하게 하며, 관계 중심적 공동체와 하나님의 임재가 구현되는 새로운 '디지털 성막'으로 이해될 수 있다. 따라서 디지털 선교는 땅끝 증인으로서의 선교 대위임령을 시대 문화적 맥락에서 구현하는, 이미 임한 하나님 나라를 실천하는 현대적 방법이 될 수 있다.[56]

하지만 디지털 선교는 비실재성, 탈육체성, 교감과 책임 약화, 지속성 부족, 플랫폼 의존성 등의 한계와 함께 온라인 혐오, 가짜 뉴스, 디지털 격차,

---

54) 김아영, "십자가의 환대의 관점에서 본 국내 무슬림 난민 사역," 「선교신학」 58(2020), 42.

55) Heidi A. Campbell, ed., *Digital Religion*, (New York: Routledge, 2013), 1-10.

56) 김병석, "나노사회의 설교강단에서 실천적 커뮤니케이션에 관한 연구," 「신학과 실천」 86(2023), 78.

현대선교신학의 주요 용어들 2

범죄 등 새로운 억압 문제를 야기한다. 따라서 교회는 단순한 온라인 활용을 넘어 디지털 공간 자체를 하나님 나라의 정의와 평화를 구현하는 공공장소로 설계할 수 있어야 한다. 이를 위해서는 다음과 같은 선교적 전략이 요구된다.

(1) 디지털 선교 로드맵 구축: 교단 및 연합 기관 차원의 전략과 정책 체계화

(2) 선교사 교육 및 양성: 신학적 소양과 기술 역량을 갖춘 사역자 훈련

(3) 온라인 플랫폼 개발·활성화: 다양한 도구를 통한 통합적 선교 시스템

(4) 콘텐츠 전략: 신학적 깊이와 문화 감수성을 반영한 스토리텔링 중심 콘텐츠 개발

(5) 디지털 윤리 운동과 교육: 가짜 뉴스, 혐오 표현, 알고리즘 문제에 대한 적극 대응

(6) 디지털 접근성 개선: 고령자, 장애인, 저소득층을 포함하는 포용적 선교 정책

(7) 공공 여론 형성과 연대 구축: 온라인 공론장에서의 신앙적 목소리 강화

(8) 디지털 문해력 강화와 보호: 평등하고 지속 가능한 선교 생태계 구축

곧 디지털 선교는 기술과 신앙의 융합을 통해 새 시대의 선교지를 개척하는 과정이라 볼 수 있다. 따라서 온라인 공간을 통해 시대 문화적 공공성을 실현하고, 하나님 나라의 정의와 평화를 증언·증명하는 현대적 방식은 이 시대에 적절한 하나님 나라 구현 방식이라고 할 수 있다.

| 생태 위기 속 생명 선교, 창조 질서 회복과 세계 보전

성경은 하나님을 창조와 생명의 하나님으로 선포한다. 곧 처음 창조 세계는 생명으로 충만했다. 그러나 인간 중심의 문명과 탐욕적 발전은 생태계를 훼손하였고, 생물 멸종, 기후 변화, 창조 질서 교란 등 다양한 위기에 직면하게 했다.[57] 이에 현대선교신학은 창조 세계의 위기를 하나님의 선교적 사명과 연결하여 구속사와 세계사를 통합적으로 이해함으로써 하나님 나라 실현의 책임을 강조하고 있다. 세계교회 차원에서도 WCC 제9차 포르투 알레그레 총회(WCC 9th Assembly, Porto Alegre) "인간과 생태를 중시하는 대안적 지구화"(Alternative Globalization Addressing People and Earth, AGAPE)의 아가페 부름은 빈곤과 부와 생태(Poverty, Wealth and Ecology, PWE) 문제로 확장했다. 또 생태학적 개념의 보완에 따라 생태적 부채(ecological debt)를 부각해 부의 창출 과정에 내재한 탐욕 문제를 비판하고, 생태 정의를 사회경제적 정의와의 연속선상에서 조명했다.[58] 이것은 1983년 세계복음주의협의회(World Evangelical Alliance, WEA) 주관 '83 휘튼 선언'(The 1983 Wheaton Declaration)에서 '피조계의 청지기직'(The Stewardship of Creation)으로 천명되었다.[59]

이처럼 창조 질서의 회복과 세계 보전을 위한 선교 및 목회적 대응은 생명 공동체적 신학과 우주적 목회학을 기반으로 한다. 이런 맥락에서 하나님 나라를 위한 구체적인 실천은 텃밭 가꾸기, 재활용 캠페인, 탄소발자국 줄이기, 녹색 교회 사업, 햇빛 발전소 설치, 에너지 절감 건물 전환 등 지역·교회·

---

57) 조은하·한국일·김도일, 『마을목회 유형별 사례와 신학적 성찰』 (서울: 대한기독교서회, 2024), 49-51.

58) Ibid., 282-283.

59) World Evangelical Fellowship, "Social Transformation: The Church in Response to Human Need: Wheaton '83 Statement," *Transformation* 1(1984), 25.

가정 차원의 참여가 필요하다. 또 생명 농촌 목회자 양성, 교회력과 교육·봉사 프로그램 재정립, 예술·문화적 접근을 통한 사회 전환과 같은 구조적·제도적 접근도 병행되어야 한다.[60] 나아가 기후 불평등과 생태계 착취를 가능하게 하는 자본주의적 구조를 신학적으로 비판하고, 지속 가능한 소비·생산 윤리를 실천하며, 대안적 생태 공동체 모델을 제시하는 것은 하나님 나라를 선도하는 핵심 선교 과제가 된다. 결국, 생태 선교는 창조 질서의 회복과 세계 보전을 통한 하나님 나라 구현의 구체적인 일상의 실천으로 개인과 공동체, 지역사회를 아우르는 통전성 있는 선교적 책임과 실천을 요구한다.

하나님 나라를 이루는 선교적 걸음으로

이 장은 하나님 나라의 개념을 올바로 이해하기 위해 먼저 구약의 선지자적 전통과 신약의 예수 가르침을 중심으로 각각 하나님 나라를 이해하고, 다시 성경 전체에 흐르는 성경적·신학적 통합의 관점에서 살펴보았다. 내용을 요약하면,

(1) 하나님 나라는 성경 전체를 관통하는 구속사의 핵심으로, 신구약을 잇는 일관된 복음의 주제다.

(2) 선지자적 기대의 성취와 예수 가르침에 나타난 하나님 나라의 속성은 영적 회복과 내외적 변화를 결합한 통전적 형태로 나타난다.

---

60) 조은하·한국일·김도일, 『마을목회 유형별 사례와 신학적 성찰』, 70-80.

⑶ 하나님 나라는 "이미" 도래했으나 "아직" 완성되지 않은 동적인 진행형 개념으로, 현재와 미래가 긴밀히 연결된 종말론적 현실이다.

⑷ 구약의 하나님 나라는 이스라엘을 중심으로 한 하나님의 주권적 통치와 밀접하게 연관되며, 신약의 예수 가르침은 복음의 보편성과 사회·문화적 구속, 샬롬의 회복까지 포괄하여 그 나라가 모든 민족과 세상에 미치는 신적 통치의 왕국을 확립한다.

이러한 결과는 하나님 나라 복음이 선지자적 전통과 그리스도의 사역을 잇는 성경적·신학적 일관성과 연속성을 지닌 개념으로 확인된다. 더불어 교회의 선교적 정체성과 사명이 무엇인지 일깨우는 중요한 기준이 된다.

다음으로 현대선교신학의 관점에서 하나님 나라는 복음주의와 에큐메니컬 전통의 공통점과 차이점을 포괄적으로 검토할 때 더욱 풍성하게 이해할 수 있다. 먼저 복음주의는 말씀 선포와 예수의 몸 된 교회의 선교를 통해 하나님의 통치와 주권을 강조하는 반면, 에큐메니컬은 정의·평화·생명·생태를 중심으로 이미 세상에서 실행되는 하나님의 선교에 초점을 둔다. 물론 이해와 접근 방식에 차이가 나타나지만, 양 진영은 삼위일체 하나님의 주권적 통치, 성육신을 통한 죄와 악의 극복, '이미 그러나 아직'의 종말론, 메시아 공동체 형성, 그리고 교회의 선교적 사명이라는 신학적 핵심에서 일치한다. 따라서 오늘날의 교회는 보쉬의 말처럼 "하나님의 재창조 사역에 동참하는 새 존재로서 말과 행함, 존재와 실천, 상징과 삶을 통해 하나님 나라를 오늘 이곳에서 드러낼 수 있어야 한다.[61] 이러한 신학적 기반 위에서 이 장은 하나님 나라의 복음이 실현되어야 할 다섯 가지 선교 지형을 다음과 같

---

61) David J. Bosch, *Witness to the World*, (Atlanta: John Knox, 1980), 240-241.

현대선교신학의 주요 용어들 2

이 제시한다.

   ⑴ 공적 영역: 탈성장과 대안 경제, 지역사회 문화의 변혁

   ⑵ 정의의 영역: 해방과 정치신학을 통한 정의 구현

   ⑶ 이주민 선교 영역: 이주민과 디아스포라 공동체와의 동행

   ⑷ 디지털 영역: 기술 환경 속 신앙 소통과 공동체적 연대

   ⑸ 생명 영역: 창조 질서의 회복과 세계 보전을 위한 생명 선교

이 지형들은 하나님 나라 복음이 신학적 개념에 머무르는 한계를 극복하고, 교회와 사회 속에서 구체적인 변혁과 실천으로 확장되어야 함을 보여준다. 특히 하나님 나라는 개인의 구원과 공동체의 갱신, 영적 성숙과 사회적 책임을 통합하는 총체적·통전적 과제로서 교회가 세상 한가운데서 복음의 가치를 실현하고 완성을 향해 나아가게 한다.

이처럼 하나님 나라 선교는 단일한 틀로 환원될 수 없다. 이것은 다양한 문화적·사회적 맥락 안에서 끊임없는 재해석과 구현을 요구한다. 따라서 교회의 선교 행위와 하나님의 선교를 구별하는 이분법적 해석이 아닌 하나님 나라 복음의 온전한 실현을 위해 포괄적 협력과 균형적 논의가 요청된다. 이러한 맥락에서 이 글이 제시한 선교 지형들은 지역 교회와 공동체를 넘어 공공신학과 선교 정책 논의로까지 확장할 구조적 함의를 지닌다. 나아가 하나님 나라 복음이 인간 존재와 사회, 문화, 경제, 창조 세계의 회복을 향한 전 지구적 실천으로 나아가는 방향을 제시한다.

이상의 논의를 종합해 볼 때 하나님 나라는 신구약 성경을 관통하는 구속사의 중심 주제로서 하나님의 주권적 통치가 인간 역사와 창조 세계 안에

서 실현되는 총체적이고 통전적인 비전이라 할 수 있다. 비록 양 전통 신학과 운동의 접근 방식과 강조점에서 차이가 보이지만, 하나님 나라의 현재성과 종말성, 성육신을 통한 구속의 현실성에서 공통된 신학적 토대를 공유한다는 점은 균형적 통합이 가능함을 일러준다.

그러므로 오늘날 교회는 개인의 회심과 사회의 변혁, 영적 구원과 공적 책임을 통합하는 선교적 공동체로 존재해야 하며, 이를 통해 하나님 나라의 복음을 실현할 수 있다. 곧 하나님 나라 복음은 교회의 울타리를 넘어 복음 전도, 재생산과 코이노니아, 정의와 평화, 생명과 화해를 구현하는 균형 잡힌 변혁의 복음으로, 삼위일체 하나님의 선교적 의지 속에서 오늘도 새 창조의 현실로 드러나야 한다. 그리할 때 교회는 본질적으로 삼위일체 하나님의 교회다.

현대선교신학의 주요 용어들 2

하나님 나라 복음은 교회의
울타리를 넘어 복음 전도, 재
생산과 코이노니아, 정의와 평
화, 생명과 화해를 구현하는
균형 잡힌 변혁의 복음으로,
삼위일체 하나님의 선교적 의
지 속에서 오늘도 새 창조의
현실로 드러나야 한다.

오경환 부두교회 담임, 서울신학대학교 Th. D., 실천신학, 『한국교회 목회의 새 방향』 저자

선교의 주체,
하나님의 선교

한국세계선교협의회와 한국선교연구원에서는 매년 전년도 기준의 '한국선교 현황'을 발표한다. 2023년 기준 한국 국적의 장기 선교사는 총 21,917명이며, 해외 선교사의 파송국은 173개국으로 집계되었다. 보고서에 따르면 2013년 25,745명이었던 선교사 수는 코로나19 이후 2019년 대비 22% 감소하였다.

아울러 선교지의 환경 변화로 인한 사역 중단, 선교지 변경, 선교사의 고령화, 선교 헌신에 대한 사명감 약화 등은 한국교회가 해결해야 할 과제로 지적된다. 그럼에도 한국 기독교의 선교 열정은 각 국가의 선교 비교에서 여전히 두드러진다는 점을 부인하기 어렵다. 매년 새해가 시작되면 다수의 목회자는 새로운 목회 계획을 수립하면서 선교를 우선적 과제로 간주한다. 교회는 자매결연을 맺은 해외 교회 또는 교회가 파송한 선교사가 사역하는 현지 교회와 연계하여 청년 및 성도를 파송함으로써 해외 선교 참여를 독려한다.

이러한 프로그램 중심의 선교는 교회의 필수 사역으로 인식되어 왔으며, 목회자에게도 소홀히 할 수 없는 사역으로 받아들여져 왔다. 이에 따라 선교가 목회 활동에서 여러 프로그램 가운데 하나로 간주되거나, 해외 선교사 파송과 국내외 선교 기관에 대한 재정 지원으로 환원되는 경향이 나타났다. 이는 '보내시는 하나님'의 강조만으로 충분하지 않으며, 교회가 '보냄을 받는 상황'에 놓여 있다는 사실에 대한 성찰이 결여될 경우 이른바 '교회 중심적' 선교의 한계를 극복하기 어려울 것이다. 이러한 문제의식은 '선교란 무엇인가?'라는 근본적인 질문을 촉발하며, 본 장은 이 질문을 출발점으로 삼는다. '하나님의 선교'(Missio Dei)의 핵심 명제는 선교의 주체가 삼위일체 하나님, 곧 성부와 성자와 성령이 본질적으로 선교적 존재라는 데 있다. 다시 말해 선교는 교회의 부수적 활동이 아니라 하나님의 본성에서 기원한다. 이러한 관점에서 하나님의 선교를 규정할 몇 가지 근거와 핵심 요소를 살펴보고자 한다.

성경, 하나님의 '보내심'을 노래하다

먼저 '선교'(宣敎)의 사전적 의미를 살펴보면 "종교를 선전하여 널리 퍼 믿게 함"이다.[1] 고전적 의미로는 타문화권의 전도를 뜻하며, 이는 보편적으로 지리적 경계를 넘어서는 개념으로 이해된다. 선교는 예수님께서 교회를 통해 이루고자 하시는 원대한 복음 전도 사명을 가리킨다.[2] 영어 'mission'의 일반적 의미는 '내가 보내다'(I send)는 뜻의 라틴어 'mitto'와 '보냄'의 'missio'에서 유래했다.[3] 여기서 보내심의 주체는 분명 하나님이시다. 선교는 교회의 과업으로서가 아니라 하나님의 보내심, 즉 '하나님의 선교'를 의미한다. 이는 선교가 전 인류를 창조의 상태로 돌이키려고 하는, 하나님 나라의 샬롬을 회복하기 위한 하나님의 모든 행위를 설명하는 중심 주제라는 뜻이다. 우리가 아는 바와 같이 성경에는 '보내심을 받은'이라는 표현은 있으나 직접적으로 '선교'라는 단어 자체는 등장하지 않는다.[4] 그 때문에 선교를 성경의 중심 주제라기보다 일종의 교회 행사나 프로그램으로 오해하기 쉽다. 이에 대해 월터 카이저(Walter Kaiser, Jr.)는 "구약을 신중하게 읽지 않은 독자들의 잘못된 생각"이라고 지적한다.[5] 크리스토퍼 라이트(Christopher J. H. Wright) 또한 성경 전체를 '하나님의 선교' 관점으로 하나의 거대한 서사로 보았다.[6] 마

---

1) 국립국어원, "선교," 표준국어대사전, https://stdict.korean.go.kr/search/searchResult.do#none, (2025년 3월 18일 접속).

2) Walter C. Kaiser Jr., *Mission in the Old Testament*, (Grand Rapids: Baker, 2000), 11-12.

3) John R. Franke, *Missional Theology: An Introduction*, (Grand Rapids: Baker, 2019), 6.

4) 눅 19:32; 요 1:6, 3:28; 계 5:6 등에서 "보내심을 받은"의 표현을 찾을 수 있다.

5) 월터 카이저/임윤택 역, 『구약성경과 선교』 (서울: CLC, 2005), 7-8.

6) Christopher J. H. Wright, *The Mission of God: Unlocking the Bible's Grand Narrative*, (Downers Grove, IL: IVP, 2006).

현대선교신학의 주요 용어들 2

이클 고힌(Michael W. Goheen)도 "성경으로 돌아가 선교에 대한 우리의 이해를 성경 텍스트에 비춰 판단"해야 한다고 주장한다.[7] 하나님의 선교는 창세기부터 시작하여 구약성경 전체에서 나타날 뿐만 아니라 신약성경의 마지막인 요한계시록에 이르기까지 신구약성경을 관통하는 핵심 주제다. 곧 성경 전체는 하나님의 선교라는 놀라운 서사를 중심축으로 전개된다. 아서 글라서(Arthur F. Glasser)는 이러한 관점을 따라 성경을 '하나님의 선교'의 책으로 상정한다.[8]

성경 곳곳에는 선교를 함축하는 이야기들이 풍성하며, 특히 '보내심'의 모티프(motif)가 두드러진다. 전통적으로 '*Missio Dei*' 개념은 삼위일체 하나님의 내외적 사역과 긴밀히 연결되어 왔다. 이런 맥락에서 구약에서 보내심의 주체로서 하나님의 선교가 아브라함, 이스라엘, 다윗과 어떠한 연관성 속에 전개되는지, 또 신약에서 삼위일체 하나님의 선교는 어떻게 성취되는지를 살펴보겠다.

구약성경에 담긴 하나님의 부르심

하나님의 구원 계획은 창세기부터 요한계시록까지 온 세상을 대상으로 하며 전 세계에 걸쳐 전개된다. 구약성경에서 하나님은 구속적 선교를 완성하기 위해 누군가를 보내시는 주권자로 묘사되며, 창세기의 창조 이야기는 그 선교적 목적의 근원이다. 창조 이야기에서 저자는 여섯 차례에 걸쳐 하

---

7) 마이클 W. 고힌/이대헌 역, 『21세기 선교학 개론』 (서울: CLC, 2021), 26.

8) 아서 글라서/임윤택 역, 『성경에 나타난 하나님의 선교』 (서울: 생명의 말씀사, 2016), 22.

나님이 하신 일을 '좋다'고 선언하여 창조의 완전성과 목적을 드러낸다. 게르하르트 폰 라드(Gerhard von Rad)는 창세기 1장 31절의 "보시기에 심히 좋았다"가 전 우주의 미적 아름다움보다 합목적성의 놀라움과 조화를 가리킨다고 설명한다.[9]

창세기 12장에서 하나님이 아브라함을 보내신 것부터 요한계시록 22장에서 그의 천사를 보내시는 것까지, 성경의 수많은 본문은 하나님을 '파송하시는 하나님'으로 증언한다. 히브리어 동사 '보내다'(חלשׁ)는 성경에서 800회 이상 쓰였으며, 그중 구약에서 하나님이 동사의 주어로 등장하는 사례가 200여 회 이상이다.[10] 이는 하나님이 보내시고 파송하시는 하나님임을 확인해 준다. 이처럼 구약성경 전반에서 이스라엘의 하나님이신 야훼는 온 땅과 모든 민족, 모든 인류의 유일하신 보편적 하나님이심을 선언한다.[11]

특히 구약성경에는 하나님께 택함을 입은 다양한 배경의 인물이 등장한다. 그 중에서 아브라함, 이스라엘, 다윗은 단순히 개인적 축복의 대상을 의미하지 않고, 하나님의 구속 역사가 점진적으로 전개되는 언약의 흐름을 보여준다. 하나님은 먼저 아브라함을 선택하시고, 이어 이스라엘을, 그리고 다윗을 택하셨다. 이 세 선택을 통해 시작된 하나님의 선교에는 각각 세상을 향한 하나님의 목적이라는 고유한 주제가 담겨 있다. 아브라함은 땅의 모든 족속을 향한 하나님의 복을 표상(表象)하며(창 12:3), 이스라엘은 열방을 향한 하나님의 자기 계시의 도구로 세워졌다(출 19:5-6; 사 49:6). 또한 시온에서 다윗을 왕으로 세우심으로써(삼하 7장) 땅끝까지 미치는 하나님의 통치, 즉 하나

---

9) 게르하르트 폰 라드/박재순 역, 『국제성서주석 창세기』 (서울: 한국신학연구소, 1981), 64.

10) Lance Ford & Brad Brisco, *The Missional Quest: Becoming a Church of the Long Run*, (Downers Grove, IL: IVP, 2013), 24.

11) Christopher J. H. Wright, *The Mission of God*, 71.

님의 나라가 모든 피조물에게 임함으로써 하나님의 선교의 선명성을 드러낸
다.[12]

| 아브라함: 열방의 복이 된 첫 약속

하나님께서 창세기 12장에서 아브라함과 맺으신 언약은 창세기 1장부
터 11장까지의 내용을 전제로 한다. 인간의 타락, 가인과 아벨, 홍수 심판 그
리고 바벨탑 이야기는 인간을 향한 멈출 수 없는 하나님의 심판을 예견케
한다. 아서 글라서는 바벨탑 본문에서 다음과 같은 선교적 주제를 도출한
다. 첫째, 하나님의 은혜에도 역사 속에서 징계가 존재함, 둘째, 타문화 선교
의 어려움과 언어와 문화의 복잡성, 셋째, 인간의 근원적 욕망은 자신의 이
름을 내세우려는 데 있음(창 11:4), 넷째, 노아의 후손들은 홍수 심판으로부터
배워야 할 중요한 교훈을 깨닫지 못한 것이다.[13] 결국 타락한 인간은 하나님
의 선한 창조 세계를 파괴하는 경향을 드러냈다. 그러나 바로 그 죄와 심판
의 배경 위에서 하나님은 아브라함에게 "복을 주시려는"(창 12:1-3) 언약을 선
포하심으로 선교의 무대를 새롭게 여신다. 사라가 불임이었다는 사실을 고
려할 때(창 11:30) "큰 민족" 약속은 인간적 가능성을 넘어서는 선언이며, 따라
서 아브라함 언약은 하나님의 주권적 보내심과 복의 확장이라는 선교의 패
러다임을 보여준다.

이처럼 하나님께서 아브라함을 부르신 일은 이스라엘 역사에서 잃어버
린 인류의 통일성과 훼손된 하나님과의 관계를 회복하는 역사적 출발점이

---

12) Ibid., 327-328.

13) 아서 글라서, 『성경에 나타난 하나님의 선교』, 79-80.

라 할 수 있다.[14] 그래서 창세기 12장 3절은 보편적 구원을 향한 하나님의 선교 계획 안에서 그 최종 목적이 무엇인지 분명하게 드러내 준다. 이 구절에서 하나님은 선교의 주체이시고 아브라함은 그 사명을 감당하는 선택받은 도구로 표현된다. 이런 맥락에서 월터 카이저는 구약에 나타난 지상명령을 아브라함에 대한 하나님의 부르심과 연결 지어 설명하면서 은혜와 축복의 메시지가 온 인류에게 전해지도록 하신 하나님의 뜻을 강조한다. 같은 의미로 창세기 12장에서는 "모든 민족"과 "각 족속"이 아브라함과 그의 후손을 통해 하나님께서 주시는 복을 누리게 된다는 점이 명확히 드러난다.[15] 또한 하나님은 아브라함과 사라를 주권적으로 부르시며 "본토 친척 아비 집을 떠나라"고 명령하신다. 이에 아서 글라서는 이 장면을 두고 모든 민족을 향한 하나님의 보편적 구속의 관심이 처음으로 뚜렷하게 드러난 사건이라고 해석하면서 아브라함을 "선교의 선구자"로 규정한다.[16]

여기서 중요한 것은 아브라함의 삶에 일어난 결정적 사건마다 하나님의 약속을 이루시기 위한 하나님의 주권적 개입이 있었다는 사실이다. 즉 아브라함이 하나님을 위해 무엇을 했는가보다 하나님께서 아브라함을 통해 무슨 일을 하셨는지가 핵심 주제이다. 하나님은 아브라함을 통해 모든 민족이 자신께 나아오게 하셨고, 그의 이름을 크게 하셨으며, 그에게 수많은 자손의 하나님이 되어 주셨다. 이처럼 하나님의 선교적 의도는 아브라함의 이야기를 통해 더욱 분명해진다. 곧 아브라함에게 주신 언약은 열방의 구원을 목표로 하며, '위대한 아버지'라는 뜻의 '아브람'에서 '열방의 아버지'라는 뜻

---

14) 요하네스 블라우/전재옥·전호진·송용조 역, 『교회의 선교적 본질』 (서울: 한국장로교출판사, 2016), 21.

15) 월터 카이저, 『구약성경과 선교』, 10.

16) 아서 글라서, 『성경에 나타난 하나님의 선교』, 86.

의 '아브라함'으로 이름이 바뀐 것도 하나님의 선교적 확장성을 보여주는 상
징적 의미로 이해된다.

| 이스라엘: 제사장 나라의 부르심

이스라엘의 출애굽 사건은 구약뿐만 아니라 신약에서 하나님의 구속 개
념을 설명하는 중요 모델이며, 특히 신약에서는 그리스도의 십자가 의미를
이해하는 중요한 열쇠 중 하나이다.[17] 출애굽기는 하나님이 모세를 바로 앞
에 세우기 위해 보내신 이야기를 전한다. 하나님은 모세를 보내셔서 애굽 왕
바로에게 이스라엘 백성의 해방을 명하셨다. 특히 개역개정성경 출애굽기 3
장 10-15절에서는 '보내다'를 다섯 차례 사용하여 강조하는데, 그 단어는 '임
무 수행을 위한 의도적 파송'이라는 의미를 가진다.[18] 하나님은 자기 백성으
로서 새롭게 형성된 언약 공동체인 이스라엘을 구속하실 계획으로 모세를
대리인으로 보내셨으므로 모세는 하나님 나라의 구속적 통치 구현을 위한
선교적 도구로 소명을 받았다고 말할 수 있다. 따라서 모세는 히브리 노예들
의 해방이라는 결정적 사건을 통해 아브라함과 다윗을 연결하는 핵심 인물
로 부각된다.[19]

만약 모세가 이스라엘에게 '하나님께서 나를 보내셨다'는 사실을 받아
들이지 않아 그분의 계시를 선포하지 않았다면 이스라엘은 여호와를 자신
들의 하나님으로 받아들이지 않았을 것이다(출 6:2-9). 모세를 통해 이스라엘

---

17) Christopher H. J. Wright, *The Mission of God*, 265.

18) "שׁלח," in *Theological Dictionary of the Old Testament vol 15*, ed G. Johannes Botterweck, Helmer Ringgren, Heinz-Josef Fabry, trans David E. Green, (Grand Rapids: Eerdmans, 2006), 50.

19) Christopher H. J. Wright, *The Mission of God*, 117.

에게 선포된 야훼 하나님의 반복적 선언은 이후의 역사에서도 하나님의 선교가 보내심의 행동으로 전개됨을 증언한다. 따라서 출애굽은 반복될 수 없는 이스라엘의 역사적 사건이지만 하나님께서 세상 가운데 어떻게 행하시는지 그리고 궁극적으로 모든 피조물을 위해 어떻게 행하실지를 보여주는 모델로 기능한다. 곧 출애굽은 하나님의 선교를 조망하는 중요한 렌즈가 된다고 할 수 있다.[20] 하나님께서 바로의 노예였던 이스라엘을 구원하시기 위해 모세를 보내셔서 복음을 선포하게 하신 사건 자체가 하나님의 선교를 드러내는 표징으로 이 사건 이후로부터 이스라엘은 '여호와의 백성'이라 불리게 되었다(출 3:7, 10; 6:6-7).

곧 이스라엘은 여호와의 백성으로 선택받게 되었고, 이러한 선택은 만민에게 자신을 알리시기 위한 하나님의 첫 사역이었다. 그러므로 하나님으로부터 선택받은 이스라엘이 민족주의나 우월성을 강조하는 태도는 잘못된 이해에서 비롯된 것이다. 이런 맥락에서 구약성경은 이스라엘이 순수 혈통이나 영토, 문화의 통일성보다는 하나님의 백성이라는 민족적 정체성을 강조한다.[21] 비록 구원 받은 이스라엘이었지만 그것은 선택받은 백성으로서 세상 모든 민족에게 그들을 선택한 하나님을 증거하는 제사장 나라로서의 사명을 부여받은 것이다. 그래서 출애굽기 19장 5-6절에서 하나님은 이스라엘을 "제사장 나라와 거룩한 백성"으로 부르셨다고 기록하고 있는데 이는 이스라엘이 하나님과 열방 사이에서 중보자 역할을 해야 함을 의미한다. 이스라엘은 오직 하나님의 율법을 지키며 그분의 거룩한 백성으로 살아감으로써 이방 민족들에게 하나님의 성품과 뜻을 보여주어야 했다. 이런 의미에

---

20) Ibid., 277-278.

21) 요하네스 블라우, 『교회의 선교적 본질』, 27.

     현대선교신학의 주요 용어들 2

서 하나님의 이스라엘 선택은 배타적 특권이 아닌 세계를 향한 하나님의 보편적 구원 계획의 시작이었다.

따라서 선교의 주체이신 하나님께서 이스라엘을 선택하신 것은 다음과 같은 중요한 선교적 의미를 가진다. 첫째, 이스라엘을 향한 하나님의 주권적이고 보편적인 선교 계획의 구체적 실현이다. 창세기 12장 3절의 아브라함을 향한 하나님의 약속은 단순히 한 민족을 위한 것이 아니라 온 인류를 위한 구원 계획의 시작이었다. 이에 요하네스 블라우(Johannes Blauw) 역시 특별 은총은 고립주의, 분리주의와 개인주의를 연상시킨다며 이스라엘의 위치와 사명을 나타내는 데 적합하지 않다고 주장했다.[22] 둘째, 이스라엘의 선택은 선교 방식이 계시적임을 드러낸다. 하나님은 이스라엘과의 언약 관계를 통해 자신의 성품과 뜻을 계시하셨고 이스라엘의 역사를 통해 하나님의 구원 과정을 가시화하셨다. 셋째, 하나님의 선교는 특정한 진행 방식으로 이뤄짐을 보여준다. 하나님은 선민 이스라엘을 통해 자신을 계시하셨고 그들의 삶과 예배를 통하여 하나님의 거룩함과 의로움을 나타내셨다. 신명기 4장 6-8절은 이스라엘이 하나님의 율법을 지킴으로써 이방 민족들이 하나님의 지혜와 지식을 깨닫게 될 것이라고 말씀하고 있다.[23] 넷째, 하나님의 선교는 신실한 관계성과 점진성을 보여준다. 하나님은 언약적 관계를 통해 자신을 드러내셨는데, 이스라엘의 불순종에도 그들을 통한 구원 계획을 절대 포기하지 않으셨다. 이러한 구약의 관계성과 점진성은 신약의 예수 그리스도를 통해 완성된 선교의 성취를 통해 이해할 수 있다.

---

22) Ibid., 28-29.

23) 에드워드 J. 우즈/김정훈 역, 『신명기-틴데일 구약주석 시리즈5』 (서울: CLC, 2016), 140.

| 다윗: 영원한 통치의 언약

역대기는 하나님께서 역사를 주관하시고, 죄에 대한 심판을 이미 집행하셨으며, 아브라함과 다윗에게 하신 약속 성취를 통해 이스라엘의 회복을 강조하고 있다. 포로에서 귀환한 유다 공동체를 향해 그들로 하여금 택함받은 백성임을 상기시키고 예루살렘과 성전 재건을 촉구하며 신실하게 역사를 주관하시는 하나님을 예배하도록 이끄셨다.[24]

신명기 12장에서 하나님께서는 예배의 중심으로 예루살렘을 세우심으로써 이스라엘 신앙에 근본적인 변화를 일으키셨다. 또한 블레셋과의 전쟁에서 언약궤를 빼앗긴 이스라엘이었지만 이후 기럇여아림과 놉, 그리고 기브온을 전전한 언약궤가 다윗의 통치 아래 예루살렘에 안전히 거하게 하셨다(대상 15장). 이어 16장에서 다윗과 백성이 기쁨과 감사로 제사를 드리는 장면은 하나님 언약의 신실성을 예전(禮典)과 공동체의 찬양을 통해 재확인하게 한 사건이었다. 특히 "그가 행하신 일을 만민 중에 알릴지어다"(대상 16:8)라는 선언은 다윗 왕정에서 이뤄진 예배의 재구성이 이스라엘의 내부 결속에서 그치지 않고, 온 열방을 향해 하나님의 행적을 선포하려는 공적 선교의 의미를 보여준다. 곧 다윗 언약과 예루살렘의 예배 회복은 하나님의 통치와 영광이 만민을 대상으로 한 선교임을 역사적 과정 속에서 보여준다.

이런 점에서 하나님께서는 다윗을 통해 다수의 시편을 기록하게 하셨는데, 특히 시편 76편의 맥락은 열방에 대한 하나님의 주권과 심판을 노래함으로써 이방 나라 가운데에서도 하나님의 통치가 구현되기를 간구하게 하셨다. 또한 시편 67편은 제사장의 축도(민 6:24-26)와 상응하는 구조를 지닌

---

24) 신득일, 『구약정경론』 (서울: 생명의 양식, 2011), 361.

현대선교신학의 주요 용어들 2

축복 기도로서 하나님께서 자신의 복을 그의 백성에게 베푸시고 그의 얼굴 빛을 비추사 그의 길이 땅 위에, 그의 구원이 모든 나라들 가운데 알려지기를 기원한다.[25] 이는 하나님께서 이스라엘을 통해 모든 민족을 하나님의 백성으로 부르시려는 보편적 선교 의지를 보여준다. 따라서 이스라엘은 하나님의 주권에 의해 선택받은 선교적 언약 백성인 것이다. 같은 맥락에서 베드로는 오순절 설교를 통해 유대인들과 예루살렘에 거주하는 모든 사람에게 다윗이 선지자였으며 하나님께서 그에게 약속하신 바 곧 그의 자손 가운데서 메시아를 일으킬 것이라는 언약이 예수 그리스도 안에서 성취되었음을 선포하였다(행 2장).

정리하면, 하나님의 부르심을 받아 친척과 아버지의 집을 떠나 낯선 땅으로 가라는 명령(창 12:1)을 받은 아브라함은 그 명령에 순종함으로써 복을 약속받았고 이를 통해 땅의 모든 족속이 복을 받게 된다는 언약이 주어졌다. 이 언약은 선교의 목적, 즉 온 인류가 복을 받는다는 하나님의 궁극적인 목적을 드러낸다. 모세 또한 하나님의 선교 사명을 위해 부름 받았으며 이스라엘 백성에게 하나님의 뜻을 전하는 메신저로서의 역할, 즉 선교사의 사명을 받은 것이다(출 3:10-12).[26] 또 하나님의 주권적 선택에 의해 이스라엘의 왕으로 세움 받은 다윗(삼상 16:13)은 하나님의 선교가 인간의 능력과 업적이 아닌 하나님의 전적 주권에 달려 있음을 보여준다. 이에 하나님께서는 다윗과 언약을 맺고(삼하 7:12-16) 그의 왕조를 통해 메시아 탄생을 약속하셨다. 이로써 하나님의 선교는 단순히 영적인 영역을 넘어 예수 그리스도를 통한 샬

---

25) 낸시 드클라이세 왈포드 & 롤프 제이콥슨 & 베스 라닐 테너/강대이 역, 『NICOT 시편』 (서울: 부흥과개혁사, 2019), 650.

26) 월터 카이저, 『구약성경과 선교』, 33.

롬과 구원 성취로 구체화된다. 다윗 언약과 메시아적 소망 그리고 그 실현은 하나님 선교의 연속성과 명확성을 입증하는 중요한 신학적 사건으로 이해된다. 따라서 보편적 선교로서 열방을 향한 구약의 선교는 하나님의 자기 계시적이면서 역사적인 행위로 개인, 공동체, 지도자라는 다양한 형태로 자기를 드러내시는 역사적 연속성 안에서 살펴볼 수 있다.

신약성경에 나타난 삼위일체 하나님의 선교

신약성경에서 사도를 의미하는 헬라어 동사 '아포스텔로'($\alpha'\pi o\sigma\tau\epsilon'\lambda\lambda\omega$)는 '명확한 목적을 가지고 파송됨'을 뜻한다.[27] 순교까지 마다하지 않고 담대함으로 임했던 사도들의 모습을 통해 볼 때 '보냄'의 주체는 신학적으로 매우 중요하다. 그분은 선교의 궁극적 주체이신 삼위일체 하나님이시다. 이런 차원에서 사도는 하나님의 권위와 사명을 위임받아 보냄받은 자를 뜻한다.

| 요한복음에 나타난 하나님의 선교로서의 '보냄'

하나님의 선교는 신약성경에서 예수 그리스도의 복음을 통해 더 명확히 확증된다. 예수님의 선교적 삶은 공관복음서와 요한복음에서 강조하는 내용과 관점에 있어 분명한 차이를 보이는데 이는 하나님의 선교라는 광범위한 틀 내에서 각 복음서가 서로 다른 측면을 부각하기 때문이다. 먼저 요

---

27) Walter Bauer & Frederick W. Danker, *A Greek-English lexicon of the New Testament and other early Christian literature*, (Chicago: University of Chicago Press, 2000), 120.

　　　　　　　현대선교신학의 주요 용어들 2

한복음은 선교적 성격을 띠며 선교에 관한 다각적이고 심오한 신학적 선언을 포함하고 있다. 공관복음과 요한복음 모두 예수님의 선교적 삶과 사역을 통해 하나님의 선교를 드러내지만, 각 복음서는 선교의 측면을 상이하게 조명한다.

예를 들어 공관복음서는 예수님의 이웃 사랑과 하나님 나라 확장(마 28:19-20; 눅 4:18-19 등)을 강조하지만, 요한복음은 선교에 대한 직접적인 언급은 상대적으로 적으나 "아버지께서 나를 보내신 것 같이 나도 너희를 보내노라"(요 20:21)에서 '보냄'(missio)의 개념을 통해 예수님이 성부 하나님으로부터, 제자들은 성자 예수님으로부터 세상으로 파송됨을 나타내어 하나님의 선교를 삼위일체 하나님의 파송으로 제시한다. 또 요한복음에는 나면서 소경 된 자에게 주의를 집중시킨다(요 9:6-7). 예수님께서는 그에게 "실로암 못에 가서 씻으라"고 명하셨는데, 여기서 '실로암'은 '보냄을 받았다'는 뜻이다. 이에 김세윤은 "예수는 그가 소경 된 것은 하나님의 하나님 되심, 즉 하나님의 영광을 드러내기 위함"이라고 해석하며[28] 예수님은 하나님의 치유, 하나님의 영광, 하나님의 사랑을 나타내기 위해 보내심을 받은 분임을 강조한다.

이처럼 신약성경에 나타난 하나님의 선교는 삼위일체 구조 안에서 명확하게 전개된다. 곧 선교의 주체는 하나님 자신으로서 오직 성부, 성자, 성령의 파송과 협력에 의해 이루어진다. 이런 차원에서 신약은 예수 그리스도의 오심과 사역, 그리고 성령의 보내심을 중심으로 선교의 본질을 드러낸다. 더욱이 요한복음은 '보내심'의 용어를 반복적으로 사용하여 삼위일체 하나님이 각각의 사명을 따라 역사하시는 모습을 조명한다. 세례 요한은 하나님으로부터 예수님을 증거하기 위해 보내심을 받았는데(요 1:6-8; 3:28), 그의 사명

---

28) 김세윤, 『요한복음 강해』 (서울: 두란노, 2001), 142.

은 예수 그리스도께서 하나님의 아들로 이 땅에 오셨음을 선포하는 것이었다. 예수님은 '아버지(성부)의 대리자'로서 파송되어 성부의 권세와 진리를 선포하고 완성하셨다(요 15:26;16:7-11). 이러한 관점에서 예수님의 삶과 사역은 아버지의 뜻을 온전히 이루는 데 집중하시는데, "나를 보내신 이가 나와 함께 계시느니라"(요 8:29)는 구절처럼 파송, 임재, 동역의 신비가 삼위일체 하나님의 관계 속에 놓여 있음을 밝힌다.

이와 같이 삼위일체 하나님의 선교 구조는 다시 제자들에게로 이어진다. 예수님은 부활 후 "아버지께서 나를 보내신 것 같이 나도 너희를 보내노라"(요 20:21)고 선언하셨으며, 제자들은 성령의 도우심을 받아 그 사역을 세상 끝까지 이어가는 동역자로 세워졌다(마 28:20; 요 17:18, 20:21).[29] 즉 삼위일체 하나님의 '보내심'은 성부께서 성자를, 성자께서 제자들을, 성령께서 그 사역을 교회를 통해 온전히 적용하고 확장하는 구조로 전개된다. 결국 신약성경의 선교는 단절된 인간 행위가 아니라 삼위일체 하나님의 사랑과 구원이 세상에 미치는 사역, 즉 '삼위일체 하나님의 선교'(Trinitarian Missio Dei)임을 분명히 한다.

| 성령이 완성하시는 구원의 파노라마

예수 그리스도의 십자가 죽음과 부활 사건은 하나님의 선교가 구심적(centripetal) 선교에서 원심적(centrifugal) 선교로의 변환, 즉 선교신학적 패러다임의 전환을 가져왔다.[30] 예수님의 부활과 승천은 제자들의 파송을 의미하며 이는 대위임령(마 28:18-20)의 신학적 수행 시점의 도래를 알린다. 이로써 예수님과 함께한 제자들의 선교는 이제 이스라엘의 지리적 한계를 넘어 전 세

---

29) 콜린 G. 크루즈/배용덕 역, 『틴데일 신약주석 요한복음』 (서울: 기독교문서선교회, 2013), 566.

현대선교신학의 주요 용어들 2

계로 확장해 나간다. 사도행전 1장 8절은 하나님의 선교가 예루살렘으로부터 시작하여 유대와 사마리아, 땅끝까지 확장되는 과정을 기록하며 제자들의 선교 대상이 온 세상임을 명시한다. 이러한 선교는 오직 성령의 임재와 권능으로 가능하며 선교의 주체가 교회가 아닌 삼위일체 하나님으로써 성부, 성자, 성령께서는 상호 협력하심으로써 선교 사역을 수행하신다.

누가복음에서는 예수님께서 승천하실 때 '성령의 임재'를 약속하셨고(눅 24:49), 이 약속은 곧 오순절 성령 강림 사건으로 이어진다. 오순절에 성령께서 임하심으로 예루살렘 교회가 탄생했으며(행 2:42-47), 이로써 교회가 행하는 선교가 인간 조직에 의존하는 것이 아니라 성령 하나님께서 주도하시는 주권적이고 초자연적인 사역임이 드러난다. 따라서 성령께서는 교회를 시작하게 하시고, 그분의 충만함 속에서 선교 사역이 이루어지도록 이끄시는 근원이시다. 이처럼 사도행전은 성령께서 교회를 중심으로 어떻게 주권적으로, 또 지속적으로 선교를 이끄셨는지를 구체적으로 보여준다.[31]

오순절에 베드로가 선포한 설교는 선지자 요엘이 "모든 육체에게" 성령을 부어 주실 것이라는 하나님의 예언을 인용하면서(행 2:16-21) 선교가 어디에서 시작되는지 그 주체를 분명하게 보여준다. 베드로는 예수 그리스도를 메시아로 담대히 증언했고, 회개를 통한 변화의 경험 이후 하나님의 권위와 능력을 세상에 드러내는 첫 단추가 되었다. 이러한 모습은 당시의 역사적 상황에 머물지 않고 하나님께서 모든 인류에게 자신의 구원을 적극적으로 펼치시는 핵심 동력임을 강조한다.[32] 이 외에도 사도행전에는 성령 충만을 경

---

30) 아서 글라서, 『성경에 나타난 하나님의 선교』, 99-100.

31) 마이클 W. 고힌/이종인 역, 『교회의 소명』 (서울: IVP, 2021), 152.

32) Ben Witherington III, *The Acts of the Apostles: a socio-rhetorical commentary*, (Grand Rapids: Eerdmans, 1988), 139.

험한 제자들이 각자 다양한 모습으로 성령의 주도적 선교 사역에 동참하는 모습을 살펴볼 수 있다. 소개하자면, 에티오피아 내시와 빌립의 만남(행 8:26-40), 박해자였던 사울을 믿음의 형제로 영접하기 위해 아나니아가 준비되는 과정(행 9:10-19), 군대 지휘관인 이방인 고넬료에게 베드로가 복음을 전하는 사건(행 10:1-20) 등이 대표적이다. 그리고 이방인 선교의 본격적 시작을 알리는 사도들의 선교 여행(행 13:1-2)도 모두 성령의 인도를 따른 결과임을 보여준다.[33] 이에 레슬리 뉴비긴(Lesslie Newbigin)은 베드로와 고넬료의 만남을 성령의 주도적 선교 역사 가운데 가장 상징적 사건으로 보았으며, 이 만남이 할례를 받지 않은 이방인도 아브라함의 자손이자 하나님의 가족이 될 수 있음을 신학적으로 새롭게 확인하는 중요한 계시가 되었다고 설명한다.[34]

결국 제자공동체의 선교는 삼위일체 하나님의 보냄과 인도하심을 통해 이루어지며 성령의 임재와 능력이 더해지면서 교회는 점차 역동적인 선교 공동체로 성장해 나간다. 이러한 신약성경의 선교 여정은 단순히 인간의 사명을 뛰어넘어 하나님의 구원 계획에 신앙과 신학의 참여적 응답으로서 교회는 삼위일체 하나님의 선교를 위한 공동체임을 분명하게 보여준다.

| 하나님의 부르심과 바울의 순종

바울이 쓴 서신서들을 살펴보면 그 중심에는 하나님의 선교에 대한 분명한 신학적 비전이 자리 잡고 있다. 바울은 선교 사역을 단순히 인간의 노

---

33) Lesslie Newbigin, *The Open Secret: An Introduction to the Theology of Mission*, (Grand Rapids: Eerdmans, 1995), 58-59.

34) Ibid., 59.

력만으로 보지 않고, 그 노력을 하나님께서 이 세상에서 이루시는 구원 사역에 본질적으로 참여하는 하나님의 도구로 인식했다. 서신서에 나타난 주요 표현들은 모두 깊은 선교적 의미를 담고 있는데, 예를 들어 그리스도 안에서 새로운 피조물로 변화되며(고후 3:18), 하나님의 의가 세상 가운데 드러나고(빌 1:11), 하나님의 뜻을 분별해서 실천하며(롬 12:2), 자기 몸을 거룩한 산 제사로 드리거나(롬 12:1), 영적 전쟁을 위해 '하나님의 무기'로 헌신하는 모습(딤후 2:3-4) 등이다. 이처럼 바울이 말하는 선교적 삶의 모습들은 세상에서 하나님의 선교에 실제로 동참하는 행동으로 해석된다.[35]

누가는 사도행전에서 사울의 회심과 부르심이 결코 우연이 아니며 하나님께서 의도하신 선교적 도구로서 사울을 의도적으로 부르셨음을 강조한다. 바울의 선교는 이방인뿐 아니라 유대인들도 포함하며 지리적, 민족적 경계를 넘어 전 세계 모든 민족을 대상으로 한 보편적 선교의 사명을 보여준다. 또 사도행전 13장 2-3절에서는 성령께서 바나바와 사울을 선교사로 세우시고 '성령의 보내심'을 받음으로써 선교사 파송의 주체임을 드러낸다. 실제로 바울은 자신의 선교 계획과 달리 성령의 인도하심(행 16:6-10)에 따라 마게도냐로 방향을 변경하는 등 삼위일체 하나님의 주권적 인도하심에 신실하게 순종했다.[36] 이후 바울과 동료들은 마게도냐의 빌립보에 도착해서 안식일에 기도하러 모인 유대인 여성 루디아와 가족이 복음을 믿고 세례를 받음으로써(행 16:14-15) 교회 형성의 초석이 놓이게 된다. 빌립보 교회는 믿는 자들의 수가 점차 늘어났고(빌 4:3), 바울과 동역자들도 하나님의 선교 사역에

---

35) 마이클 J. 고먼/홍승민 역, 『삶으로 담아 내는 복음』 (서울: 새물결플러스, 2019), 57-69.

36) John B. Polhill은 사도행전 16장 6-10절에서 선교의 주체로서 아버지(10절), 아들(7절), 성령(6절)이 함께 바울을 마게도냐 선교로 인도했다고 설명한다. John B. Polhill, *Acts: The New American Commentary vol 26*, (Nashville: Broadman & Holman Publishers, 1992), 244.

적극 참여하였다. 바울과 아볼로는 고린도 교회 설립과 성장에 중요한 역할을 담당했음에도 바울은 영적인 주권이 오직 하나님께 있음을 분명히 고백했다(고전 3:5-9).

바울 선교에 대한 누가의 시각은 바울 역시 자신의 선교를 하나님의 선교에서 부름 받은 존재로 인식하고 있음을 알 수 있다. 바울의 선교는 하나님의 선교로부터 비롯되었기에 그의 삶은 하나님의 선교를 위한 것임을 스스로 인정한다. 그래서 그는 각 서신의 서두마다 자신이 하나님 아버지께 부름을 받아 파송되었음을 밝히는데[37] 특히 고린도후서 5장에서는 선교의 출발점과 참여의 현장이 모두 하나님임을 보여준다. 여기서 바울은 모든 종말론적 사건을 일으키신 분을 하나님으로 소개하고, 그 또한 화해의 메시지를 전달하는 도구된 사도로서 자신이 현장에 참여하고 있음을 진술한다.[38]

에베소서 1장 4-14절에서는 선교의 시작과 근원을 삼위일체 하나님으로부터 출발하는데 F.F 브루스(F. F Bruce)는 3절을 "아들의 삼위일체적 위격과 아버지께로부터 보내심을 받은 인성으로서의 이중적 위격"을 표현한 것이라고 해석한다.[39] 또한 에베소서 6장에서는 바울의 선교적 정체성을 확인할 수 있는데 "주 안에서와 그 힘의 능력으로 강건하여지고"(엡 6:10), "하나님의 전신갑주를 입으라"(엡 6:11), "성령으로 힘입고 무장하라"(엡 6:17-18)와 같은

---

37) "사도"라는 호칭은 바울 서신 중 여덟 편에 나오는 인사말에 등장한다. 대표적으로 갈라디아서 1장 1절에서는 인간의 선택에 의해서 시작되지 않았음을 나타낸다. 또 1장 15-16절 역시 하나님의 선교를 위해 부름 받은 사도로서의 권위를 강조한다. Timothy George, *Galatians: The New American Commentary Vol 30*, (Nashville: Broadman & Holman Publishers, 1994), 80.

38) 강보영, "하나님의 선교(Missio Dei)와 바울: '바울의 선교'에서 '선교의 바울'로의 관점 전환을 모색하며," 「선교신학」 42(2016), 22-23.

39) F. F. Bruce, *The Epistles to the Ephesians and the Colossians: The New International Commentary on the Old and New Testament*, (Grand Rapids: Eerdmans Publishing, 1991), 24.

명령들은 삼위일체 하나님과 함께하는 삶을 상징적으로 표현하고 있다. 이 구절들에서 알 수 있듯 바울은 항상 삼위일체 하나님을 선교의 주체로 인식했다. 그래서 그의 선교적 삶 역시 삼위일체 하나님의 구속 사역, 곧 구원의 복음을 세상에 전하는 일에 온 힘을 다하는 방향성을 가지고 있었다. 이처럼 바울 선교의 특징은 선교의 주체가 삼위일체 하나님이시라는 인식을 바탕으로 구원의 복음이 세상에 널리 퍼지도록 최선을 다하게 하는 원동력이 되었다.

교회의 선교를 넘어 하나님의 선교로

현대신학에서 선교는 '교회 중심적 선교' 패러다임을 넘어 '하나님의 선교'라는 새로운 관점으로 전환되고 있다. 이는 선교를 교회의 부수적인 프로그램이나 행사 중 하나로 이해하는 것이 아니라, 하나님의 본질적 구원 사역으로 인식함을 의미한다. 이런 맥락에서 교회는 하나님의 거룩한 사명에 동참하도록 부름받아 세상으로 파송된 공동체로서 선교의 궁극적인 주체가 삼위일체 하나님이심을 선언하고 있다.

| '하나님의 선교'의 기원과 개념

20세기 선교신학에서 하나님의 선교(*Missio Dei*) 개념의 형성과 발전은 큰 성과라 할 수 있다. 신학적으로 '하나님의 선교'가 공식적 논의의 장에 등장한 때는 1952년 독일 빌링겐(Willingen)에서 열린 국제선교협의회

(International Missionary Council, IMC)에서였다. 이후에는 세계교회협의회(World Council of Churches, WCC)와 로잔 운동(Lausanne Movement)이 공동 개최한 여러 대회를 통해 점차 발전하고 확산되었다. 이 과정에서 해당 개념은 다양한 신학적 논의와 긴밀하게 연결되며 선교신학뿐만 아니라 신학의 여러 분야와도 활발한 관련을 맺게 되었다. 빌링겐 대회가 열린 가장 큰 목적은 두 차례의 세계 대전을 겪은 뒤 20세기에 들어서 교회가 선교를 어떤 방식으로 이어가야 할지 새로운 길을 모색하는 데 있었다. 왜냐하면 19세기의 선교 방법론은 더 이상 20세기에는 적합하지 않았음에도 불구하고 많은 사람이 여전히 과거의 방식을 의존하고 있었기 때문이다. 한마디로 빌링겐 대회를 계기로 교회 중심적 선교 개념에는 큰 변화를 맞게 되었다. 그것은 교회가 선교의 주체라는 인식에서 벗어나 그 근거를 하나님의 본성에서 찾기 시작한 것이었다.

다시 말해 교회는 선교의 중심이 아니라, 하나님의 선교를 위해 쓰임 받는 도구와 수단으로 자리매김하게 되었다. 이런 의미에서 '하나님의 선교' 개념은 오랫동안 지배적이었던 교회의 선교와 확연히 구별되는 새로운 패러다임으로 떠올랐다.[40] 데이비드 보쉬(David J. Bosch)도 빌링겐 대회가 보여 준 이 전환점을 강조한다. 그는 선교란 교회의 일차적 활동이 아니라 하나님의 본성에서 비롯된 '보내심'의 역사이자, 하나님 그분 자체가 선교하시는 분이라고 역설한다. 이처럼 20세기는 선교의 주체성과 정체성에 대한 이해에 깊이 있는 변화를 가져오는 시기였다.[41]

---

40) Lesslie Newbigin, *The Open Secret: An Introduction to the Theology of Mission*, 29.

41) David J. Bosch, *Transforming Mission: Paradigm Shifts in Theology of Mission*, (Maryknoll: Orbis Books, 1991), 399-400.

    현대선교신학의 주요 용어들 2

하나님의 선교에서 보냄의 신학 개념을 부여한 사람은 칼 바르트(Karl Barth)다.[42] 바르트는 선교란 예수 그리스도를 통한 하나님의 자기 계시와 화해의 사건이라고 정의했다. 그는 서구의 삼위일체론 전통으로 눈을 돌려 하나님의 상호 관계 안에서 '선교'의 고전적 의미를 아버지는 아들을 보내시고, 아버지와 아들은 성령을 보내신다는 '파송'의 의미를 강조했다. 이후 바르트의 삼위일체적 선교 이해는 칼 하르텐슈타인(Karl Hartenstein)을 비롯한 여러 신학자들에게 영향을 미쳤다. 하르텐슈타인은 이 개념에 기초하여 독일 선교학계의 담론을 수십 년 동안 이끌었으며, '하나님의 선교' 용어를 본격적인 선교 개념으로 사용하게 되었다.[43]

그는 선교의 궁극적 목표가 단순히 교회의 양적 성장에 머물지 않으며, 이 세계와 우주 전체를 다스리시는 하나님 나라의 실제적 임재에 있다고 강조했다. 그에게 선교란 개인의 회심이나 말씀에 대한 복종을 넘어서 구원받은 피조물 위에 그리스도의 주권을 세우고자 아들을 보내시는 하나님의 일에 교회의 동참까지 아우르는 포괄적 사명을 의미했다.[44]

한편, 하나님의 선교 개념은 크게 두 가지 흐름으로 나뉘는데, 먼저 구원사적 관점에서 비체돔(G. F. Vicedom)은 하나님의 선교 핵심에 '그리스도를 통해 모든 인간을 구원하려는 하나님의 의도'가 있음을 강조했다. 그는 그리스도 중심의 구원 역사를 중시했고 교회의 선교 역시 하나님의 구원사에 참여하는 일로 보았다. 그 뒤를 잇는 뉴비긴은 이 흐름을 확장했다. 또 다른 흐름은 호켄다이크(Johannes C. Hoekendijk)가 제시했는데 빌링겐 대회의 주제

---

42) Craig Van Gelder & Dwight J. Zscheile, *The missional church in perspective*, (Grand Rapids: Baker, 2011), 26.

43) 김종성, 『삼위일체 하나님의 선교 패러다임』 (서울: 한들, 2022), 48-52.

44) 정미현, "하나님의 선교?-칼 바르트에게 그 의미를 묻다," 「한국조직신학논총」 29(2011), 71.

였던 '교회의 선교적 의무'(The Missionary Obligation of the Church)를 비판하면서 전통적인 '하나님-교회-세상' 패러다임에서 벗어나 '하나님-세상-교회'의 새로운 패러다임으로 전환했다.[45] 즉 교회 중심이 아닌 세상 속에서 활동하시는 하나님의 선교적 사역에 교회가 반응하고 동참하는 모델로 전환한 것이다. 이를 통해 볼 때 하나님은 이미 세상에 현존하고 활동하시는 분이시며 교회는 하나님의 일을 발견하고 참여할 책임 공동체로 이해된다.

| 하나님의 선교에 대한 에큐메니컬의 이해

하나님의 선교에 대한 에큐메니컬 입장을 대변하는 신학자는 단연 호켄다이크라고 할 수 있다. 하르텐슈타인에 의해 처음 사용된 하나님의 선교는 빌링겐 대회 이후 세계교회협의회의 중요한 신학적 개념으로 자리 잡았다. 이 신학을 주도적으로 이끌어간 신학자가 바로 호켄다이크다. 그는 사도적 신학을 주장하며 선교의 중심을 세상으로 규명하면서 교회의 역할을 축소했는데,[46] 그의 강조점은 선교의 주체가 교회가 아닌 하나님 자신이라는 데 있었다. 교회는 하나님에 의해 세상에 파송된 선교적 공동체이기에 세상에서 그 사명을 감당해야 한다는 관점이 주목받게 되었다.

이로써 에큐메니컬의 하나님 선교의 개념은 호켄다이크의 영향을 받아 교회보다 세상에 더욱 관심을 가지게 되었는데 이때 세상은 구원 역사의 출발점이며 현장이 된다. 이런 관점에서 그리스도인은 정치, 사회, 경제 등 각 분야에 파송되었고 교회와 세상은 분리가 아닌 운명 공동체가 된다. 이처럼

---

45) Craig Van Gelder & Dwight J. Zscheile, *The missional church in perspective*, 31.

46) 최형근, "하나님의 선교(Missio Dei)에 대한 통전적 고찰," 「선교신학」 10(2005), 48.

현대선교신학의 주요 용어들 2

선교의 초점이 교회에서 세상으로 옮겨지면서 교회는 단지 세상의 한 부분으로 이해되었다.[47] 그리고 하나님의 선교는 사명을 가지고 부름 받은 교회로부터 출발하는 것이 아니라 교회가 하나님으로부터 보냄받은 현장, 곧 세상에서 출발하게 되었다. 따라서 하나님의 일차적인 관계는 세상이고 교회는 세상의 부분으로 정의되는데, 여기에서 전통적 명제인 '하나님-교회-세상'의 순서는 '하나님-세상-교회'로 바뀌게 되었다. 보수적으로 교회를 선교의 주체로 간주하고 교회의 확장을 선교의 본질로 이해했던 관점은 더 이상 유효하지 않게 되었다.[48] 이러한 변화에 따라 교회의 사역 방향과 의제는 세상의 필요와 현실에 의해 제시되어야 한다는 주장이 제기되었다. 즉 교회는 세상을 진지하게 성찰하고 동시대의 사회적 요구에 부응하여 섬기는 역할을 수행하게 된 것이다.

또한 에큐메니컬에서 하나님의 선교는 단지 영혼구원뿐 아니라 전 피조세계의 하나님 나라 샬롬을 포함하며 인류 사회에 존재하는 구조적 악에 맞서 정의와 평화를 실현하는 하나님의 주도적 사역을 의미한다. 이런 관점에서 교회는 하나님의 선교에 능동적으로 협력할 수는 있으나 선교의 주체는 하나님 자신이며 교회의 참여 여부와 상관없이 하나님의 선교는 지속된다는 입장을 강조한다.[49]

이는 교회가 선교의 도구임을 인정하면서도 교회를 선교의 필수적 매개체로 보지 않는 점에서 전통적으로 복음 전도나 교회 개척을 중시하는 복음주의의 선교 이해와 차별된다. 그 결과 교회의 기능이나 중요성을 상대적

---

47) David J. Bosch, *Transforming Mission*, 400.

48) 안승오, "교회성장학의 관점에서 본 에큐메니칼 신학 이해," 「선교와신학」 27(2011), 86.

49) Ibid., 89.

으로 약화하면서 선교가 교회가 아닌 다른 조직이나 기관을 통해서도 가능하다는 인식을 심화하였다. 특히 호켄다이크의 선교 개념은 에큐메니컬 운동의 신학적 토대에 큰 영향을 끼쳤는데, 그의 견해에 따르면 교회는 '세계를 위한 교회'로 존재해야 하며, 선교의 핵심은 하나님의 구원 행위에 동참하는 데 있었다. 그러나 이러한 탈교회적, 사회 참여적 선교 이해는 교회 중심적 선교를 강조하는 복음주의 진영으로부터 비판을 받았고, 교회의 일치와 정체성을 논의하는 데도 주요한 논쟁점이 되었다. 궁극적으로 이러한 하나님의 선교 개념은 교회가 선교적 사명을 등한시하는 결과로 이어질 수 있다는 우려가 제기되었다.

19세기와 20세기 초 계몽주의와 낙관주의, 그리고 인간 중심주의가 선교 운동에 침투하면서 인간 중심의 선교 관점은 큰 충격을 받았고, 이에 따라 선교의 새로운 이해가 요청받게 되었다. 하지만 영국의 신학자이자 에큐메니컬 운동가였던 레슬리 뉴비긴조차도 인간화에 대한 강조로 인해 하나님의 화해 사역이 희생되는 것은 받아들일 수 없다고 주장했다. 이런 흐름을 지나면서 선교는 삼위일체 하나님의 선교라는 표현으로 등장하게 되었다.[50] 뉴비긴은 교파 중심의 기독교 세계를 강하게 비판하면서 교회의 선교는 반드시 삼위일체 하나님 중심의 선교여야 한다고 강조하였다. 또한 선교를 삼위일체 하나님의 행위로서 언제나 그것의 주체자가 하나님이심을 인식하는 것이 중요함을 다음과 같이 설명한다.

선교를 교회에 주어진 명령으로 강조할 때 따르는 위험은 선교 사역을 하나의 선행으로 보고 우리 스스로 행위를 통해 의롭게 되고자 하는 유혹을 받는 것

---

50) 마이클 W. 고힌, 『교회의 소명』, 140.

                                        현대선교신학의 주요 용어들 2

이다. 예수 조차 자신이 하는 말과 행위가 자기 것이 아니라 아버지의 것이라고 했다.… 무엇보다 선교가 우리의 활동이 아니라는 점을 강조하는 것은 대단히 중요하다. 그것은 삼위 하나님의 활동이다. 성부 하나님은, 사람들이 자신을 인정하든 하지 않든, 그들의 마음과 생각 가운데 그리고 모든 피조물 가운데 쉬지 않고 일하고 계시며, 은혜로운 손길로 역사를 그 목표점까지 이끌고 계시고, 성자 하나님은 성육신을 통하여 이 피조물의 역사의 일부가 되셨고, 성령 하나님은 종말의 맛보기로서 교회에 능력을 주고 교회를 가르치기 위해 그리고 세상에 대해 죄와 의와 심판에 관한 잘못된 생각을 깨우치기 위해 친히 오셨다.[51]

마이클 W. 고힌은 뉴비긴이 이해한 '하나님의 선교'에서 주목할 몇 가지 특징을 다음과 같이 설명한다. 첫째, 확고한 그리스도 중심주의, 기독론 중심의 신학이며, 둘째, 삼위일체 하나님의 선교에서. 성령께서는 교회 선교의 주된 행위자이시며, 셋째, 삼위일체의 여러 위격을 성경 속에서 찾는다는 것이다. 예를 들어 성부는 성자를 보내시고 성자는 성령을 보내시고 성부와 성자는 성령의 능력 가운데 교회를 보내신다는 진술을 성경에서 찾는다. 마지막으로 뉴비긴은 '하나님의 선교'를 종말론적 관점에서 교회도 종말론적으로 하나님 나라의 희망을 품고 살아가는 공동체로 보았다.[52] 또한 뉴비긴은 교회가 하나님 나라에 대한 종말론적 전망을 상실할 때 선교적 사명과 사회적 책임에 대한 의식 역시 약화된다고 지적했다.[53]

---

51) 레슬리 뉴비긴/홍병룡 역, 『다원주의 사회에서의 복음』 (서울: IVP, 2007), 225-256.

52) 마이클 W. 고힌, 『교회의 소명』, 141-144.

53) 황영익, 『레슬리 뉴비긴과 칼빈의 선교적 대화』 (의정부: 드림북, 2015), 121.

복음주의 진영에서도 중요한 신학적 의제를 제기한 인물로는 존 스토트(John Stott)와 크리스토퍼 라이트(Christopher H. J. Wright)가 있다. 복음주의 입장을 정식화한 로잔언약 역시 중요한 예로 들 수 있는데, 특히 스토트는 영국 국교회의 역사적 맥락, 곧 종교개혁 전통 위에서 복음주의를 재해석하며 잊혀졌던 복음주의 유산의 회복에 핵심적 역할을 수행한 인물로 평가된다.[54] 나아가 그는 1974년 로잔대회 로잔언약의 핵심적 기획자이자 발안자로서, 복음 전도와 사회 정의의 추구를 교회의 긴급한 선교 과제로 함께 제시했다.

1974년 제1차 로잔대회는 복음주의적 관점에서 '하나님의 선교' 개념을 전면에 표방한 최초의 세계적 규모의 복음주의 대회로 평가된다. 로잔 운동의 선교 이해는 기본적으로 복음 전도의 우위성(primacy)과 우선성(priority), 그리고 긴급성(urgency)을 강조하는데, 이러한 개념들은 이 운동의 대표 핵심 논제로서 복음 전파의 사명을 체계화하는 동시에 사회적 책임의 중요성도 함께 강조함으로써 로잔 운동의 신학적 정체성을 규정하는 중심축으로 기능했다.

복음주의의 '하나님의 선교' 이해는 철저히 교회 중심의 복음 전파를 중시하는 동시에 사회적 책임을 통한 세상의 섬김 역시 강조하고자 했는데, 오늘날 로잔 전통 내에서는 복음 전도와 사회적 책임 가운데 어느 한 요소에 우선순위를 일방적으로 부여하기보다 두 요소가 긴밀히 결합한 불가분의

---

54) 김회권, "존 스토트(John R.W. Stott)의 복음주의와 그 신학적 유산과 영향에 대한 비판적 소고," 「장신논단」 53(2017), 123.

관계에 있다는 인식이 확산되었다. 이에 따라 두 요소를 통합적으로 추구하는 '총체적 선교'(Integral Mission)가 올바른 선교의 방향이라는 견해가 지배적 입장으로 정착하였다. 이러한 맥락에서 세계교회협의회가 사용해 온 '통전적 선교'(Holistic Mission)보다는 '총체적 선교'라는 용어를 선호하는 경향을 확인할 수 있다.[55] 이는 대체로 호켄다이크가 강조한 사회, 정치적인 차원의 샬롬, 인간화, 세속화 담론에 대한 비판적 응답 속에서 발전했으며, 전통적으로 개인 구원을 강조해 온 복음주의 진영에서는 '사회적 책임'에 대한 논의가 보수적 복음주의자들로부터 상당한 저항을 받아왔다. 그럼에도 불구하고 존 스토트의 신학적 영향력은 복음주의 진영이 사회적 책임의 수용으로 나아가는 변화를 이끌어내는 데 중요한 역할을 했다.[56]

스토트가 '사회참여'를 교회의 중요한 임무 중 하나로 인식하게 된 배경에는 1968년 웁살라에서 개최된 제4차 세계교회협의회가 중요한 계기로 작용했다. 그는 해당 총회에서 선교의 현대적 의미를 둘러싼 논의에 참여하면서 복음 전도와 사회참여의 관계에 각별한 관심을 갖게 되었으며 이후 관련 내용을 심화하였다.[57] 나아가 스토트는 복음 전도와 사회 활동의 관계를 다음과 같이 규정하였다. 첫째, 사회 활동을 전도의 수단으로 간주하는 관점이고, 둘째, 사회 활동을 전도의 수단이 아닌 전도의 과정과 결과의 표현으로 이해하는 관점이고, 셋째, 사회 활동이 복음 전도의 동반자로 보는 관점이었다.[58] 그는 복음 전도와 사회 활동은 서로가 동반자이며 각기 올바른

---

55) 안승오, 『로잔운동의 좌표와 전망 왜? 어떻게? 어디로?』 (서울: CLC, 2023), 27.

56) 박보경, "로잔운동에 나타난 전도와 사회적 책임의 관계," 「복음과 선교」 22(2013), 12.

57) 존 스토트/김명혁 역, 『현대기독교 선교』 (서울: 성광문화사, 1999), 20-21.

58) Ibid., 32-36.

위치에서 독립적이면서 동시에 상호 협력적으로 보았다. 이는 로잔 전통의 총체적 선교 이해를 신학적으로 뒷받침한 것으로 볼 수 있다.

또한 스토트는 선교가 일차적으로 교회의 본성이 아니라 하나님의 본성에서 기원한다고 보며 성경의 하나님을 '보내시는 하나님'으로 규정하고 '하나님의 선교'를 설명한다. 곧 하나님은 선지자와 아들, 그리고 성령을 보내신 분이므로 '최초의 선교'(the primal mission)는 하나님의 선교로 이해될 수 있다. 스토트에 따르면, 아들의 선교는 예언자적 사역에서 정점을 이루며 그 절정에서 성령의 파송이 이루어진다는 점에서 중요성을 결코 간과할 수 없다.[59]

그러므로 '하나님의 선교'는 보내시는 하나님을 지시적 표제가 아니라 창조 세계 전체를 향한 하나님의 목적과 성취를 위한 하나님의 지속적이고 주권적인 행위를 가리킨다. 따라서 성경 전체는 하나님의 보내심에 내재된 구체적인 목적, 목표 그리고 계획을 포괄적으로 증언하며 '보냄'의 의미는 다수의 또는 특별한 하나의 행위에 국한되지 않고 성경 내러티브 전반을 관통하는 더 포괄적인 차원에서 이해되어야 한다.

크리스토퍼 라이트는 존 스토트의 뒤를 이어 로잔 운동의 신학을 대표하는 신학자로 평가된다. 그는 구약성서 신학자로서 성서 신학과 선교 현장을 연결하는 가교 역할을 수행해 왔으며, 특히 구약성경을 선교적으로 해석함으로써 '하나님의 선교'의 서사 속에서 교회의 참여 방식을 모색하였다. 이에 최형근은 "케이프타운 서약의 전반적인 기조와 특징적 내용은 라이트의 성경적 선교신학에서 나왔고, '하나님의 선교'와 '하나님의 백성의 선교'는 존

---

59) 존 스토트 & 크리스토퍼 라이트/김명희 역, 『선교란 무엇인가』 (서울: IVP, 2018), 23-25.

   현대선교신학의 주요 용어들 2

스토트와 로잔 신학의 영향 아래 형성되었으며, 로잔 신학과 라이트의 성경적 선교신학은 상호 의존적 관계에 있다"고 평가한다.[60] 라이트의 견해는 복음의 중심성을 기반으로 복음 전도와 사회적 실천이 분리될 수 없는 상호 관계에 있음을 강조한다. 다시 말해 두 영역이 통합될 때 비로소 선교의 총체성이 드러난다는 점을 명시한다. 이는 로잔 전통이 지향해 온 총체적 선교 이해와 긴밀히 상응한다.[61]

특히 구약의 핵심 본문들을 통해 이러한 통합성을 해명하는 데 창세기 12장 1-3절은 아브라함을 부르신 하나님의 약속이 한 가족이나 한 민족에 국한되지 않고 "땅의 모든 족속"에게 미치는 보편적 복의 지평을 제시함으로써 복음 전도와 열방을 향한 선교적 지향의 근거를 제공한다. 또한 이사야 49장 6절은 여호와의 종이 이스라엘의 회복을 넘어 "땅끝까지" 하나님의 구원을 상징하는 빛이 되도록 부름 받았음을 선포하며, 하나님 백성의 사명이 정의와 자비의 실천을 포함한 공적 증언으로 확장되어야 함을 시사한다. 라이트는 이 두 본문을 복음의 중심성 아래 말씀 선포와 사회적 책임이 함께 나아가야 한다는 총체적 선교의 성경적 토대로 본다.

더 나아가 라이트는 하나님의 백성이 이웃 사랑으로 드러나는 윤리적 삶을 구현하지 못할 때 하나님의 선교 역시 충실히 수행될 수 없다고 강조한다. 선교가 하나님의 본성을 기원하며 그리스도인들이 세상 속으로 파송되었다는 자의식을 분명히 하면서 그는 "온 땅은 하나님의 선교이자 곧 우리의 선교지"임을 역설한다.[62] 이러한 관점에서 라이트의 선교 이해는 창조 세

---

60) 최형근, "제3차 로잔 특집 로잔복음화 운동과 한국교회 대회 케이프타운 서약의 특징과 의의," 「복음과 선교」 22(2013), 123.

61) 존 스토트 & 크리스토퍼 라이트, 『선교란 무엇인가』, 31.

62) Christopher J. H. Wright, *The Mission of God*, 403.

계 전체를 향한 하나님의 궁극적이고 보편적인 목적을 중심에 둔다. 곧 하나님의 포괄적 목적은 그리스도인이 세상 속으로 보냄 받아 행하는 모든 영역—말씀 선포, 정의와 자비의 실천, 창조 보존—을 아우른다. 그 결과 라이트의 선교신학은 더 광범위하고 다층적인 의미를 가지며, 이 모든 것을 하나의 포괄성 안에 통합한다는 점에서 '총체적' 성격을 지닌다. 이러한 통합적 전망은 에큐메니컬 진영의 '하나님의 선교' 이해와도 충분히 대화 가능한 공통분모를 제공하며 상호 간의 접점을 넓힌다.

지금까지 '하나님의 선교'는 에큐메니컬 진영의 전유물처럼 여겨졌으나 복음주의 진영에서도 적극적으로 수용하여 사용되고 있다. 이에 오늘날 로잔 운동은 복음 전도의 우위성, 우선성, 긴급성을 분명히 하면서도 복음 전도와 사회 정의를 함께 요구하는 총체적 선교를 추구한다. 이러한 흐름에서 복음주의 내 '하나님의 선교' 해석과 적용은 선교의 주체성과 범위, 교회의 역할에 대한 논의를 한층 심화하였다. 곧 복음 전도를 선교의 본질적 의무로 고수하면서도, 복음이 삶의 모든 영역에서 일으키는 총체적 변혁과 사회적 책임을 본질에 내포된 차원으로 인정하게 된 것이다. 이러한 변화는 에큐메니컬 진영과의 접점을 확대하여 상호 비판적 대화를 가능하게 했고 현대선교신학이 보다 풍성하고 포괄적으로 발전하는 데 기여했다. 오늘날 '하나님의 선교'는 에큐메니컬과 복음주의의 양 진영을 넘어선 공통 논제로 자리매김하고 있으며, 앞으로는 이 개념을 바탕으로 복음 전도와 사회적 책임, 그리고 교회의 본질에 대한 더 깊은 신학적 성찰과 실천이 지속적으로 모색될 필요가 있다.

선교, 교회의 영적 DNA

'하나님의 선교'는 20세기 이후 선교신학의 전환을 대표하는 핵심 개념으로, 앞서 강조했던 것처럼 선교를 교회의 활동이나 특정한 프로그램의 산물이 아닌 삼위일체 하나님의 본질적 사역으로 이해한다. 실천신학적 관점에서 볼 때, 하나님의 선교는 추상적 개념이 아니라 교회 공동체와 성도의 삶 속에서 현실화되어야 할 하나님의 역사로 이해된다. 여기에서는 레슬리 뉴비긴, 하워드 스나이더(Howard A. Snyder), 찰스 E. 밴 엥겐(Charles E. Van Engen), 크리스토퍼 라이트, 마이클 W. 고힌 등 주요 학자들을 통해 하나님 선교 이해가 실천신학적 관점에서 어떤 의미가 있는지를 살펴보고자 한다.

레슬리 뉴비긴은 '하나님의 선교'를 교회의 기원과 본질을 규정하는 핵심으로 보았다. 그는 교회를 하나님의 선교에 참여하는 표적(sign), 전조(foretaste), 동인(agent), 도구(instrument)로 규정하며, 다원주의 사회 속에서 복음의 공공성을 드러내야 한다고 강조한다.[63] 그래서 그에게 복음은 개인적 신념을 넘어 인류의 역사와 문화를 해석하는 대서사이므로 교회는 삶의 모든 영역에서 복음을 증언하는 공적 공동체가 되어야 한다. 이런 관점에서 뉴비긴은 교회의 연합과 일치에 기초한 통전적 복음이 온 세상을 향한 선포적 선교로 구현될 때, 그 선교가 삼위일체 하나님께 주권을 돌리는 본질적 선교라고 주장한다. 또한 뉴비긴은 교회가 세상 속에서 선교적 존재임을 강조한다. 그의 관점은 서구 교회의 세속화에 대한 비판과 함께 교회가 시대정신에 영합하기보다는 예수 그리스도의 복음의 진리를 공적으로 선포하고

---

63) 크레이그 밴 겔더/최동규 역, 『교회의 본질』 (서울: CLC, 2015), 153

삶으로 살아내는 용기가 필요함을 역설한다.

하워드 스나이더는 교회의 본질과 선교적 사명을 긴밀히 연결한다. 그는 교회가 단순히 선교의 도구가 아니라 선교의 주체이자 하나님의 선교가 실현되는 장으로 파악한다.[64] 나아가 스나이더는 교회를 선교적, 대안적, 언약적 공동체이자 근본적으로 삼위일체적 공동체로 이해한다. 따라서 교회는 삼위일체적이며 동시에 육화적이고 종말론적이며, 다음의 세 가지 측면을 통해 교회의 선교성을 드러낸다. 그것은 첫째, 삼위일체 하나님께 예배하는 공동체, 둘째, 가난한 자에게 파송되는 공동체, 셋째, 교회의 모든 사역을 삼위일체 하나님의 사역에 근거하는 공동체이다.[65]

그는 선교가 교회의 영적 DNA가 내재되어 있다고 보며 교회의 정체성 자체가 선교적이라고 주장한다.[66] 즉 교회는 단순히 선교를 수행하는 차원을 넘어 존재론적으로 선교적이어야 하며 성령의 인도하심 아래 전인적 복음을 선포하고 공동체 안팎에서 사랑과 정의를 실천함으로써 그 정체성을 드러낸다.[67] 이와 관련하여 스나이더는 교회가 제도나 프로그램 자체를 목적으로 삼지 말고 언제나 예수 그리스도를 증언해야 한다고 촉구한다. 또한 새 포도주를 낡은 부대에 맞추려 하기보다 복음의 본질이 요청하는 공동체적 갱신, 즉 불가능한 대변혁을 강조한다. 따라서 교회는 개인의 구원이나 교리적 동의뿐 아니라 복음이 지닌 근본적 변화의 요구에 응답하고 지금까지의 전통적이고 제도적 교회와는 다르게 변화되고 거듭나야 한다.

---

64) Ibid., 49-50.

65) 하워드 스나이더/최형근 역, 『교회 DNA』 (서울: IVP, 2006), 75-78.

66) Ibid., 78.

67) David J. Bosch, *Transforming Mission*, 374-376.

현대선교신학의 주요 용어들 2

찰스 E. 밴 엥겐은 1991년에 출판된 그의 책 『하나님의 선교적 백성』(God's Missionary People)에서[68] '미셔널'이라는 단어를 명시적으로 사용했는데, 여기서 '미셔널'은 관계를 묘사하는 형용사로 여러 번 등장한다. 부가적으로 밴 엥겐은 교회가 지역사회와 접촉하는 다양한 방식을 묘사하는 다이어그램에서 '세상 속에서 교회의 선교적 행동'이라는 제목을 덧붙인다.[69] 그는 '미셔널'이란 단어를 사용할 때 회중의 관계와 행동에 초점을 맞추어 교회는 본질적으로 선교적이라는 사신의 기본적인 성경적, 신학적 논거를 풀어나간다.

그리고 밴 엥겐이 언급한 '미셔널'은 『선교적 교회』 저자들이 발견한 것과 유사한데, 특히 '하나님의 선교' 개념과 '교회는 본질적으로 선교적이다'라는 개념이 포함된다. 비록 밴 엥겐이 『하나님의 선교적 백성』에서 '미셔널'과 '교회'를 명시적으로 연결하지는 않지만, 하나님의 선교적 백성으로서의 교회에 대한 그의 성경적, 신학적 이해는 두 개념을 연결시키고 있는 것이나 다름없다.[70] 결국 교회의 본질을 이해하지 못하고는 선교를 이해할 수 없고, 교회의 선교를 간과한다면 선교를 이해할 수 없다. 그래서 순종하는 교회는 보냄을 받았다는 사명 안에서 세상을 향해 사도직을 감당하면서 선교적 교회로 세워진다. 선교는 선택적인 문제가 아니라 교회 존재의 본질적인 요소이다.[71] 이와 관련하여 밴 엥겐은 선교적 교회가 세상 속에서 감당해야 할 역할을 다음과 같이 소개한다. (1) 양도된 사도직, (2) 선지자, 제사장, 왕,

---

68) 한국어로는 『하나님의 선교적 교회』로 번역되었다. 찰스 E. 밴 엥겐/임윤택 역, 『하나님의 선교적 교회』 (서울: 기독교문서선교회, 2014).

69) Craig Van Gelder & Dwight J. Zscheile, *The missional church in perspective*, 45.

70) Ibid., 46.

71) 찰스 E. 밴 엥겐/임윤택 역, 『하나님의 선교적 교회』, 131.

(3) 치료자와 자유케 하는 자, (4) 교회 중심의 새로운 사역 형태. 이 모두는 그리스도의 선지자, 제사장, 왕 된 직분과 연관되어 있다. 이는 세상에서 교회의 역할은 예수 그리스도로부터 받고 인도되며 그분의 발자취를 따르는 교회의 사도성과 직결된다.[72]

크리스토퍼 라이트는 존 스토트를 뒤이어 로잔 운동의 신학을 대표하는 신학자이다. 라이트는 성경 전체를 '하나님의 선교'의 거대서사로 보고 읽어야 한다고 주장하며, 선교가 하나님의 본성에서 나오는 것과 우리가 세상 속으로 보냄받음을 강조하면서 복음의 중심성을 바탕으로 복음 전도와 사회적 행동 사이의 총체적 선교를 주장한다.[73] 여기서 '총체적 선교'란 1974년 로잔언약에서 그 기원을 두고 있으며 이후 복음주의 진영의 선교 개념으로 사용되었다. 이는 예수 그리스도의 유일성을 분명히 하여 아직도 복음을 듣지 못한 자들을 향한 복음 전도가 교회 사명의 최우선 순위임을 확인함과 동시에 사회적 행동(social action)과 사회적 관심(social concern)이 전도의 필수적인 부분이라는 개념이다. 이에 더해 라이트는 복음 전도를 포함해 우리가 행하는 모든 선교 활동이 복음, 즉 하나님의 복음을 중심으로 통합되어야 함을 강조함으로써 복음 전도가 배제된 사회 참여와 사회 참여가 배제된 복음 전도라는 이분법을 극복하려고 시도했다. 여기서 라이트는 '복음 전도의 우위성'(우선성) 보다 '복음의 중심성'이라는 표현을 더 선호한다.[74]. 왜냐하면 모든 것을 통합하는 중심은 하나님 중심적이고 하나님으로부터 시작되었고 하나님의 뜻에 근거한 복음이기 때문이다. 즉 '복음의 중심성'은 다른 모든

---

72) Ibid., 205-222.

73) 백충현, "로잔운동에서 크리스토퍼 라이트의 '하나님의 선교'(the Mission of God)에 관한 연구," 「신학사상」 196(2022), 169.

74) 크리스토퍼 라이트/정효진 역, 『하나님의 선교, 세상을 바꾸다』 (서울: IVP, 2024), 120-128.

것을 주변적으로 만든다는 의미가 아니라, 모든 것을 하나로 묶어 주는 중심이 된다.

그래서 라이트는 총체적 선교에 참여하기 위한 두 가지 요소로 첫째, 복음 전도를 통해 역사적 사실에 대한 좋은 소식과 복음의 진리를 말로 전하는 것, 둘째, 사회와 창조 세계 속에서 사회적이고 상황에 적합한 참여를 함으로써 복음 전달을 구체화하는 것을 전제로 한다.[75] 이처럼 라이트의 총체적 선교는 복음을 삶의 모든 영역에서 증거하고 실천하는 포괄적인 선교 개념이라고 할 수 있다. 그리고 라이트는 케이프타운 서약의 문단을 인용하며 다음과 같이 총체적 선교의 내용을 정리한다.

B. 우리의 선교가 지녀야 할 총체성. 우리의 모든 선교의 근원은, 성경에 계시된 것처럼, 하나님이 온 세상의 구속을 위해 그리스도 안에서 행하신 일이다. 우리의 복음 전도의 과제는 그 좋은 소식을 모든 나라들에 알리는 것이다. 우리의 모든 선교가 이루어지는 장소는 우리가 살아가는 세상, 곧 죄와 고통과 불의와 창조 질서의 왜곡으로 가득한 세상이며, 이런 세상으로 하나님은 그리스도를 대신해 사랑하고 섬기도록 우리를 보내신다. 그러므로 우리의 모든 선교에서 복음 전도와 세상에서의 헌신적인 참여가 통합되어야 하며, 이 둘은 모두 하나님의 복음에 관한 성경 전체의 계시가 명령되고 주도하는 일이다.[76]

정리하자면 라이트는 선교가 하나님의 본성에서 나오는 것과 우리가 세상 속으로 보냄받음을 강조하면서 복음의 중심성에 기반하여 복음 전도와

---

75) Ibid., 129.

76) 2010년 제3차 로잔대회 공식문서, 『케이프타운 서약』 (서울: IVP. 2023), 60-61.

사회적 행동 사이의 통합적 관계를 역설한다. 따라서 라이트의 '하나님의 선교' 개념은 매우 포괄적이며 폭넓은 함의를 내포하므로 선교 개념은 보다 유연하고 다층적으로 이해될 수 있다.

마이클 W. 고힌은 크리스토퍼 라이트와 함께 성경을 하나님의 선교 관점에서 읽어야 하며, 교회는 열방을 향한 하나님의 구속 사역에 참여하는 공동체로 존재해야 한다고 주장하였다.[77] 고힌은 새로운 해석학적 시도로 '선교적 성경읽기'를 통해 성경 전체를 하나님의 선교 이야기로 재구성하여 선교 중심 성경읽기를 드라마적 구조로 발전시켰다.[78] 선교적 해석학에 관한 크리스토퍼 라이트의 견해를 전반적으로 수용하는 입장에서 선교적 해석학의 신학적 전제를 다음과 같이 네 가지로 분석한다. 첫째, 성경은 하나님의 구속 이야기를 펼쳐가는 다양한 플롯들로 구성된 하나의 통합적 내러티브이다. 둘째, 선교란 하나님이 창조하신 피조 세계를 새롭게 회복시키기 위한 하나님의 사역에 관련된 모든 것을 말한다. 셋째, 하나님께서는 선교를 진행하실 때 함께 이루어갈 하나님의 백성을 선택하신다. 넷째, 하나님의 택하신 백성은 이 세상의 회복을 위해 존재한다. 따라서 하나님 백성의 정체성은 세상을 회복시켜 가시는 하나님의 선교에 참여하고 있는지 여부로 가늠할 수 있다.[79] 그래서 성경이 증거하는 네러티브의 신학적 핵심은 하나님의 선교일 수 밖에 없고, 하나님의 선교는 성경해석을 위한 신학적 전제가 된다. 그리고 고힌의 저서인 『열방에 빛을』은 선교신학과 성경적 교회론을 통합하려는 시도로, 성경의 이야기 흐름을 통해서 이스라엘의 형성부터 현

---

77) Christopher H. J. Wright, *The Mission of God*, 22.

78) 이마리아, "개혁주의 구속사적 관점에서 본 선교적 성경읽기와 리더십 형성에 대한 신학적 탐구," 「복음과 선교」 70(2025), 219.

79) 이대헌, "하나님의 선교와 선교적 해석학," 「선교신학」 41(2016), 301-304.

대 지역교회에 이르기까지 하나님의 백성에게 내재된 선교적 동력을 추적한다.[80] 이는 성경으로 돌아가 선교에 대한 이해를 성경 텍스트에 비춰 판단하고자 한 것이다.

성석환은 마이클 W. 고힌을 '뉴비긴의 탁월한 해설가'로 소개하면서, 뉴비긴의 '선교적 교회론'을 이어받아 교회의 선교적 정체성을 하나님과 세상과의 관계 속에서 이해하고 있다고 설명한다.[81] 고힌은 서구의 기독교 지역에서 비서구 비기독교 지역으로의 지리적 확장(geographical expansion)이라는 전통적 선교 개념 사용을 비판하면서 선교를 이해하기 위해 두 가지 본질적인 신학적 관점, 즉 하나님의 선교와 교회의 선교적 본질에서부터 시작해야 한다고 주장한다.[82] 왜냐하면 선교는 삼위 하나님의 본질적 사역이자 교회의 본질과 존재를 규정하는 핵심적 요소로서, 교회의 정체성의 확립 근거가 된다. 또한 교회의 선교는 전체 피조 세계와 인류를 회복시키려는 하나님의 선교에 참여하는 행위이다. 그래서 구원의 범위가 창조 세계와 동일하게 광범위하다는 전제 아래, 교회의 선교는 그만큼 확장되어야 하며 이는 총체적 선교의 신학적 기반이 된다.

하나님의 선교, 우리의 삶으로 응답할 때

지금까지 선교가 교회의 선택적 프로그램이 아니라 삼위일체 하나님의

---

80) 마이클 W. 고힌/박성업 역, 『열방에 빛을』 (서울: 복 있는 사람, 2012).

81) 성석환, "한국적 '선교적 교회(Missional Church)'의 실천을 위한 '하나님의 선교(Missio Dei)'의 재구성," 「선교와 신학」 64(2024), 23.

82) 마이클 W. 고힌, 『21세기 선교학 개론』, 79.

본성에서 비롯된 고유한 사역임을 재확인하였다. 성부의 창조와 보존, 성자의 구속 사역, 성령의 새 창조와 변혁이 분리되지 않은 하나의 목적을 향해 전개된다는 사실은 선교를 교회 중심의 활동으로 축소해 온 관행을 넘어 '하나님의 선교'로 수정하도록 요청한다는 점을 분명히 한다. 성경 신학적 고찰에서 보았듯이 아브라함에게 주어진 모든 민족을 향한 복의 약속, 이스라엘의 제사장 나라 소명, 그리고 다윗 왕조를 통한 하나님의 통치 선언은 하나의 서사 속에서 연결되어 열방을 향한 하나님의 의도와 목적을 드러낸다. 성경 전반에 반복적으로 나타나는 '보내심'의 주제가 하나님이심을 확인할 때, 교회의 정체성 또한 '보냄을 받은 공동체'로 규정되어야 한다.

따라서 오늘날 한국교회는 선교사 파송 숫자와 선교에 관한 프로그램의 활성화만으로 자기를 규정하기보다 하나님 나라의 샬롬을 회복하시는 하나님의 행위에 동참하는 하나님 백성으로서 자리매김해야 한다. 이는 선교를 공간의 이동이나 행사가 아닌 삶의 전 영역에서 창조의 선함을 보존하고, 그리스도의 구속을 증언하며, 성령의 새 창조적 변혁을 성육신적으로 드러내는 것으로 구체화한다. 따라서 교회는 지역과 민족의 경계를 넘어 이웃의 고통과 세계의 상처 속으로 파송된 선교적 존재다. 선교는 하나님이 시작하시고 완성하시는 구원 행위이며, 교회는 그것에 참여하도록 선택된 도구다. 이제 '보내시는 하나님'을 넘어 '보냄을 받는 교회'의 상황과 책임을 성찰하며 삼위일체 하나님의 사역에 동참하는 실천으로 나아가야 한다. 이것이야말로 성경이 증언하는 하나님의 선교에 대한 온전한 응답이라 할 수 있다.

오늘날 한국교회는 선교사 파
송 숫자와 선교에 관한 프로
그램의 활성화만으로 자기를
규정하기보다 하나님 나라의
샬롬을 회복하시는 하나님의
행위에 동참하는 하나님 백성
으로서 자리매김해야 한다.

박군오 침례교 청년연구소장, 한남대학교 Ph. D., 구노리더십연구소장, 목사의서재 운영자

선교의 방식, 예수 그리스도의 삶과 임재 - 성육신

이 장은 성육신(incarnation)을 주제로, 하나님의 선교(Missio Dei)가 세상 속에서 어떤 방식으로 실현되는가를 탐구한다. 성육신은 하나님이 인간의 현실 속으로 스스로 들어오신 선교 행위이자 복음이 세상 가운데 구체적으로 드러나는 방식이다. 하나님은 멀리서 명령하지 않으시고, 인간의 자리에 몸소 내려오셔서 함께 거하심으로 구원을 이루셨다. 성육신은 단순한 교리를 넘어 하나님이 세상 안에서 자신의 뜻을 존재로 증언하신 사건이다. 성육신적 선교는 이러한 하나님의 방식을 본받는 신학적 실천이다. 예수 그리스도의 생애는 하나님 나라에 대한 지식적인 가르침을 넘어 삶으로 풀어낸 복음이었다. 그분은 권력과 성공의 자리를 비우고, 낮은 자리에서 사람들과 함께 머물며, 가난한 자와 병든 자의 곁에서 하나님의 현존을 드러내셨다. 성육신적 선교는 예수의 현존하심을 말하며 복음을 살아내는 방식으로 설명할 수 있다. 성육신의 신학 안에는 다섯 가지 선교적 원리를 찾아볼 수 있다. 첫째는 임재의 원리로 하나님은 멀리 계시지 않고 가까이 오신다는 것이다. 둘째는 참여의 원리로 하나님은 인간의 고통 속에 동참하신다는 것이다. 셋째는, 비움의 원리로 하나님은 자신을 낮추어 인간이 되셨다는 것이다. 넷째는 동행의 원리로 하나님은 제자들과 세상 한가운데를 걸으신다. 다섯째는 연대의 원리로 하나님은 인간과 피조 세계를 품으신다. 이 다섯 원리는 복음이 전해지는 말이 아니라 살아 움직이는 삶의 방식임을 보여준다. 성육신적 선교는 예수 그리스도의 방식으로 세상 속에 거하는 교회의 길이다. 그것은 "가서 가르치는 선교(doing for)"에서 "함께 머무는 선교(being with)"로의 전환이며, 복음을 프로그램이 아닌 관계와 존재의 언어로 드러내는 신학적 실천이다. 하나님이 인간의 역사와 문화, 언어, 고통 속으로 들어오셨듯, 교회도 세상 속으로 들어가 그분의 방식으로 존재함으로써 복음을 증거해야 한다. 이것이 바로 성육신적 선교의 본질이며, 하나님의 선교적 방식이다.

선교를 위한 삼위일체 하나님의 선택, 성육신

성육신적 선교는 예수 그리스도의 삶과 사역 안에서 계시된 하나님의 선교 방식이다. 하나님은 구속의 목적을 위해 인간의 역사와 현실 속으로 들어오셨고, 인간의 언어와 몸을 입으심으로 세상과 새로운 관계를 시작하셨다. 성육신은 하나님 나라의 복음이 세상 속에 '존재로서 선포됨'이며, 하나님의 자기계시가 '관계적 방식으로 나타난 행위'이다. 이때 선교는 복음을 말로만 전달하는 행위를 포함하여 복음이 삶과 몸으로 드러나는 방식이 된다.[1] 예수의 성육신은 하나님 나라의 본질을 드러내는 동시에, 그 나라가 세상 가운데 확장되는 하나님의 전략적 방법론이다.

복음서에서 예수는 메시지를 전한 전도자로 머무르지 않고 그 메시지 자체로 살아 계신 하나님 나라였다. 그분의 탄생, 사역, 십자가와 부활은 모두 하나님이 세상 안으로 참여하신 하나님의 현존의 실체였다. 그분의 가르침은 언어보다 존재, 논리보다 관계로 나타났으며, 성육신은 바로 그 관계적 선교의 절정이었다. 예수의 방식은 "가르치는 선교"를 포함한 "함께하는 선교"이며, 이는 모든 선교의 원형적 패턴이 된다.[2]

성육신의 방식은 곧 하나님의 선교가 세상 속에서 이루어지는 윤리적 형태이다. 하나님은 전능한 권력으로 세상을 구원하지 않으시고, 연약함과 비움으로 세상 가운데 들어오셨다.[3] 이 자기비움은 곧 선교의 출발점이다. 비움은 세상을 지배하려는 욕망의 거부이며, 세상과의 관계 안에서 하나님

---

1) 최동규, "성육신의 관점에서 본 선교적 교회의 상황화," 「선교신학」 42(2016), 287-322.

2) 김신구, "통전적 선교를 위한 현대교회의 성육신적 모습," 「선교신학」 57(2020), 34-67.

3) 김균진, 『기독교조직신학 Ⅱ』 (서울: 연세대학교출판부, 1987), 171.

나라를 겸손과 섬김으로 구현하는 방식이다. 성육신적 선교는 권력이나 제도 중심이 아닌, 존재의 관계성과 참여의 신학으로 특징지어진다. 하나님은 인간의 고통 속에 참여하셨고, 그리스도인은 그분의 참여를 따라 세상 속에서 고난받는 자와 함께 머무는 존재로 부름받은 것이다.[4]

오늘날 성육신적 선교의 의미는 현대 문명 속에서 더욱 긴급하게 요청된다. 세계화와 기술혁신, 도시화와 개인주의가 강화된 시대 속에서 교회는 점점 더 비현존의 위기에 직면해 있다. 예배당 안의 복음은 풍성하지만, 세상 속의 교회는 점점 사라지고 있다. 성육신적 선교는 디지털 사회와 분절된 인간관계 속에서 교회의 존재 이유를 회복하는 신학적 길로 제시된다. 이는 '세상 속으로 들어가는 교회', '함께 머무는 교회'로의 회복을 요청한다.[5]

이 장은 이러한 신학적 요청에 응답하며, 성육신적 선교의 의미와 방향을 세 가지 관점에서 다룬다. 첫째, 성경신학적 이해에서는 구약과 신약을 관통하는 성육신의 구속사적 의미를 조명하고, 둘째, 선교 신학적 이해에서는 성육신을 하나님의 선교 방식으로 재해석하며, 셋째, 실천 신학적 적용에서는 현대 사회 속에서 교회가 복음을 살아내는 실천 전략을 제시한다. 이러한 탐구를 통해 본 글은 성육신적 선교가 하나의 신학 주제를 넘어 하나님 나라를 세상 안에서 실현하는 예수 그리스도의 방식임을 밝힌다.

---

4) 임희모, "하나님 나라를 세우는 한국 교회의 성육신적 제자도 선교," 「선교신학」 63(2021), 245-273.

5) 김신구, "고령화 시대 치매 환자를 위한 성육신적 접근과 돌봄 전략 연구," 「선교신학」 77(2024), 85-110.

하나님과 함께하심의 이야기

성육신은 단순한 교리적 개념이나 구속의 방법으로 머무르지 않는다. 하나님이 세상 가운데 자신을 드러내신 구속사적 자기 계시의 절정이다. 성경 전체는 창세기에서 요한계시록에 이르기까지 "하나님이 인간과 함께 거하신다"는 임마누엘의 이야기로 흐른다. 하나님은 인간의 언어로 말씀하셨고, 인간의 몸으로 세상 안에 들어오셨으며, 그 존재 자체로 하나님 나라를 선포하셨다. 이것이 바로 성육신의 신학적 본질이며, 하나님의 사랑이 시간과 공간 속에 구체적으로 현현된 증거이다.

| 임마누엘의 구속사적 의미

성경의 첫 장면부터 하나님은 '함께하시는 분'으로 자신을 드러내신다. 창세기에서 하나님은 "날이 서늘할 때에 동산에 거니시며"(창 3:8) 아담과 대화하셨다. 하나님은 인간을 창조하시고 관찰자이자 동행자로 계셨다. 에덴동산은 인간과 하나님이 함께 거닐던 관계적 공간이었으며, 그분의 임재는 인간 존재의 근원이자 행복의 조건이었다. 그러나 인간이 죄로 인해 하나님의 뜻에서 떠났을 때, 그 친밀한 임재는 단절되었다. 창세기의 인간타락은 윤리적 실패가 아니다. 하나님과의 동행이 끊어진 시작이었다. 그럼에도 하나님은 인간을 버리지 않으셨다. 하나님은 계속해서 임재의 통로를 마련하시며, 끊어진 관계를 회복하시려는 구속의 이야기를 시작하신다.[6]

---

6) 브루그만/이신건 옮김, 『예언자적 상상력』 (서울: 한국기독교연구소, 2003), 47-50.

출애굽기의 하나님은 이스라엘과 함께 광야를 지나셨다. 그분은 구름기둥과 불기둥으로 낮과 밤을 인도하시며 "너희 중에 거하리라"(출 29:45) 약속하셨다. 성막은 바로 그 약속의 상징이었다. "내가 그들 중에 거할 성소를 그들이 나를 위하여 짓되"(출 25:8)라는 말씀은, 하나님이 인간의 삶 속으로 '거하심'을 원하신다는 의지를 보여준다. 성막은 단순한 예배의 장소를 넘어 하나님이 백성의 삶 속으로 들어오신 임재였다. 그 안에서 하나님은 백성과 만나시고(출 29:42), 그들의 죄를 속하셨으며, 광야의 길을 동행하셨다. 이후 솔로몬의 성전은 하나님의 임재가 공간적으로 구체화된 상징이 되었다. "구름이 여호와의 전에 가득하매"(왕상 8:10)라는 표현은 그분의 영광이 백성 가운데 충만함을 나타낸다. 그러나 이스라엘이 하나님과의 언약을 저버렸을 때, 성전의 영광은 떠나갔고(겔 10:18), 하나님은 더 이상 제도적 공간에 머물지 않으셨다. 이때부터 선지자들은 새로운 임재, 곧 하나님이 다시 오셔서 함께 거하실 날을 기다리게 된다. 그 약속이 바로 "보라 처녀가 잉태하여 아들을 낳으리니 그 이름을 임마누엘이라 하리라"(사 7:14)는 말씀이다.

이사야의 예언은 정치적 위기 속에 주어진 하나의 표징이었지만, 그 본질은 단순한 왕의 탄생을 넘어 하나님이 인간의 역사 속으로 몸을 입고 들어오신다는 구속사적 선언이었다. 이 예언은 훗날 마태복음 1장 23절에서 직접 인용되어, 예수 그리스도의 탄생과 연결된다. "보라 처녀가 잉태하여 아들을 낳을 것이요 그의 이름을 임마누엘이라 하리라." 마태는 이 말씀을 통해 예수의 성육신이 구약의 임마누엘 약속의 성취임을 분명히 한다. 이 약속의 완성은 요한복음의 로고스 선언에서 절정에 이른다. 말씀이 육신이 되어 우리 가운데 거하시매"(요 1:14).

여기서 요한은 "거하다"를 의미하는 헬라어 'σκηνόω(스케노오)'를 사용한다. 이 단어는 '장막을 치다'라는 뜻으로, 하나님이 광야에서 성막을 통해 백성과 함께 거하셨던 장면을 직접 떠올리게 한다.[7] 요한은 성육신을 새로운 성막과 같은 것으로 이해한다. 이제 더 이상 하나님의 임재는 성전이라는 물리적 공간에 제한되지 않고, 예수 그리스도라는 인격 안에서 완전히 현현된다. 즉, 예수 그리스도의 몸이 곧 하나님의 새로운 성전이며, 그분의 존재가 하나님의 영광이 거하는 자리인 것이다.[8] 이 신학적 통찰은 임마누엘 신학의 완성을 보여준다. 하나님은 더 이상 하늘의 초월적 존재로 머무르지 않으시고, 인간의 언어와 감정을 지니신 '하나님-인간의 연합'으로 오셨다. 그분은 인간의 슬픔 속에서 울고(요 11:35), 고통 속에 함께하시며, 우리의 연약함을 친히 체험하신 하나님이 되셨다(히 4:15). 이처럼 성육신은 하나님의 임재가 인간의 형상 속으로 스며드는 것이며 구속의 역사가 초월을 넘어 인간의 삶과 역사 속에서 완성된 것임을 드러낸다.

결국, 성육신은 하나님의 임마누엘 약속이 역사 속에서 실체로 드러난 것으로 임재의 신학이 언어를 넘어 존재로 현현된 구속사의 절정이라 할 수 있다. 구약의 성막과 성전이 그림자요 예표였다면, 예수 그리스도는 그 실체로 오신 하나님의 장막이자 영광의 현현이다. 그분 안에서 하나님은 인간과 함께 거하시며, 그 거하심은 이제 교회와 성도들의 삶을 통해 세상 속에서 계속 이어지고 있다.[9]

---

7) 정다운, "요한복음의 기독론적 성전 신학 - 성육신에 나타난 성전 모티프를 중심으로," 「한국개혁신학」 75(2022), 196-199.

8) 한정훈, 『요한복음과 성육신 신학』 (서울: 대한기독교서회, 2016), 97-100.

9) 김신구, "통전적 선교를 위한 현대교회의 성육신적 모습," 45-49.

| 사랑으로 세상에 들어오신 하나님

하나님은 세상을 사랑하셔서 독생자를 보내셨다(요 3:16-17). 이 '보냄의 신학'은 하나님 선교의 기초이며, 성육신은 하나님의 사랑이 언어로만 머물지 않고 행위로 번역된 것이다. 하나님은 말씀으로만 구원을 선포하신 것이 아니다. 그 말씀을 한 사람, 곧 예수 그리스도의 몸과 존재 속에 담아 세상에 보내셨다. 예수 그리스도는 하나님의 사랑이 구체적으로 어떤 모습으로 세상에 내려오는지를 삶으로 보여주신 하나님의 '살아 있는 메시지'였다. 그분의 오심은 하늘에서 인간에게로의 일방적 하강이 아니다. 사랑의 관계 안으로의 진입이었으며, 하나님이 세상과 새로운 연합을 이루시는 구속의 시작이었다.[10] 바울은 이것을 "자기 비움"(케노시스, kenosis)이라는 언어로 표현한다. "그는 근본 하나님의 본체시나… 자기를 비워 종의 형체를 가지사 사람들과 같이 되셨고"(빌 2:6-8). 이 '비움'은 단순한 겸손의 태도를 넘어 하나님께서 스스로의 신적 특권을 포기하시고 인간의 자리로 존재적으로 내려오신 것이다.

즉, 하나님이 인간의 조건을 채택하셨다는 것은 신이 인간의 연약함, 고통, 심지어 죽음의 한계 속으로 들어오셨음을 의미한다.[11] 케노시스는 신적 위엄의 상실을 포함하여 사랑의 완성으로서의 자기제한이다. 하나님은 초월의 능력만으로 인간을 구원하지 않으시고, 비움과 연약함의 방식으로 인간의 내면 속으로 들어오셨다. 이러한 비움의 신학은 요한복음 13장의 제자들의 발을 씻김에서 생생히 드러난다. 예수는 만찬 자리에서 제자들의 발을 씻

---

10) 김균진, 『기독교조직신학 II』 (서울: 연세대학교출판부, 1987), 171-173.

11) Karl Rahner, *Foundations of Christian Faith*, (New York: Crossroad, 1982), 126-130.

기시며 말씀하신다. "내가 너희 주와 선생이 되어 너희 발을 씻겼으니 너희도 서로 발을 씻기라"(요 13:14). 이 행위는 당시 문화에서 노예가 수행하던 일로, 사회적으로 가장 낮은 자의 위치를 상징한다. 예수의 세족은 단순한 겸손의 표현을 넘어 하나님이 인간의 더러움과 죄의 현실 속으로 무릎 꿇고 들어오신 성육신의 표징이다. 하나님 나라의 통치는 지배나 명령으로 설명할 수 없는 섬김과 낮아짐으로 구현되는 역설적 통치이며, 그리스도의 행위 안에서 하나님 나라의 본질이 드러난다.[12] 크리스토퍼 라이트(Christopher J. H. Wright)는 이 세족 장면을 "하나님의 구속 행위가 윤리적 삶으로 번역된 장면"이라 규정한다.[13] 그는 성육신이 구원의 원인을 포함한 하나님 나라의 윤리적 표준임을 강조한다. 하나님은 인간의 구속을 선언하신 것을 넘어 그 구속을 '살아내셨다.' 즉, 구원의 복음은 개념을 넘어 몸으로 드러난 선교적 윤리인 것이다. 성육신의 윤리는 곧 선교의 윤리이며, 교회가 이 세상 속에서 그리스도의 몸으로 존재한다는 것은 이 비움과 섬김의 윤리를 따라 사는 것을 의미한다.

케노시스는 선교의 동력에 머무르지 않고 세상 속에서 교회가 어떻게 존재해야 하는지를 가르치는 영적 질서다. 하나님은 세상을 사랑하셔서 보내셨고, 그 보내심은 항상 자기 비움의 선행을 전제로 한다. 보내심이 비움 없이 이루어질 때, 그 선교는 권력의 확장이 되지만, 비움 안에서 이루어질 때, 그 선교는 하나님 사랑의 확장이 된다. 그리스도의 비움은 곧 하나님의 사랑의 형식이었으며, 그분의 낮아짐은 하나님의 나라가 세상 속에서 겸손과 참여

---

12) Raymond E. Brown, *The Gospel According to John XIII-XXI*, (New York: Doubleday, 1970), 563-566.

13) Christopher J. H. Wright, *The Mission of God*, (Downers Grove: IVP Academic, 2006), 313-316.

현대선교신학의 주요 용어들 2

의 방식으로 확장되는 원리였다.[14] 성육신의 케노시스는 또한 '참여의 신학'으로 확장된다. 하나님은 인간의 고통과 아픔을 멀리서 바라보시는 분이 아니다. 그 속에 직접 들어오셔서 함께 아파하신다. 예수는 가난한 자와 병든 자, 배척당한 자 곁에 머무르셨고, 그분의 존재 자체는 하나님의 연대였다. 그리스도의 비움은 고난받는 자와 함께하는 하나님 나라의 현존을 가능케 했다. 성육신은 오늘의 교회가 세상 속에서 살아내야 할 선교의 방식이다. 그것은 "가는 선교"에서 "함께 머무는 선교"이며, 말로만 전하는 선교에 그치지 않고 삶으로 드러나는 선교이다.[15]

오늘날 케노시스의 신학은 권력, 자본, 성공 중심으로 기울어진 교회의 현실을 성찰하게 한다. 하나님의 선교는 위로부터의 통제를 넘어 아래로부터의 참여이며, 가진 자의 나눔을 넘어 스스로 낮아진 자의 섬김이다. 성육신적 비움은 모든 인간관계와 교회 공동체의 윤리적 기반이 됨이며, 세상 속에서 하나님의 사랑을 구체적으로 실현하는 선교의 길이다. 결국, 성육신의 비움은 하나님 나라의 생명 원리를 드러내었다. 그리스도는 자기를 비우심으로 세상을 채우셨고, 낮아지심으로 하나님의 영광을 드러내셨으며, 죽으심으로 생명을 주셨다. 케노시스는 그리스도의 행동이자 하나님의 존재 방식이며, 모든 선교의 원형적 패턴이다.[16] 성육신은 단 한 번의 구속으로 정의하기 보다는 하나님 나라가 비움과 참여의 방식으로 지속적으로 확장되는 역사적 운동이다. 그리스도의 낮아짐은 선교의 방법이며, 그분의 섬김은 곧 하나님 나라를 구현하는 방식이었다.

---

14) David J. Bosch, *Transforming Mission*, 389-392.

15) 임희모, "하나님 나라를 세우는 한국 교회의 성육신적 제자도 선교," 249-250.

16) Walter Brueggemann, *The Prophetic Imagination*, (Minneapolis: Fortress Press, 2001), 65-68.

| 삼위일체의 파송 구조 속 성육신

성육신은 '삼위일체적 파송'(missio trinitatis)의 중심에 있다. 하나님은 스스로를 파송하시는 분이시며, 그분의 선교는 성부의 사랑, 성자의 순종, 성령의 동행이라는 삼위일체의 내적 역동 속에서 이루어진다. 성부는 세상을 향해 성자를 보내셨고, 성자는 순종함으로 세상 안으로 들어오셨으며, 성령은 지금도 그 사역을 완성해 가신다(요 20:21-22). 이 세 위격의 움직임은 단절된 모습이라 말할 수 없다. 하나님 안에서 이루어지는 파송의 연속적 리듬이다. 성육신은 삼위일체 하나님의 자기전달의 정점이며, 하나님이 자신을 세상 속에 '보내시는' 사랑의 행위이다.[17]

삼위일체적 파송의 신학은 선교의 주체가 인간을 포함한 하나님 자신임을 밝힌다. 이는 20세기 선교신학의 결정적 전환점이 되었는데, 1960년대 이후 "교회의 선교"(Missio Ecclesiae)가 아닌 "하나님의 선교"(Missio Dei)가 강조되기 시작했다. 호켄다이크(J. C. Hoekendijk)와 보쉬(David Bosch)는 선교를 교회의 프로그램이나 확장 수단이 아닌 하나님의 본질적 활동으로 이해해야 한다고 주장했다.[18] 하나님은 교회를 통해 일하시는 분이며 교회를 포함하여 세상 속에서 직접 역사하시는 분이시다. 교회는 선교의 주체이며 하나님의 선교에 참여하는 존재이다.[19] 이러한 삼위일체적 파송의 구조 안에서 성육신은 하나님의 선교가 세상 안에서 구체적으로 실현된 모습이다. 성부는 사랑으로 세상을 향해 성자를 보내셨고, 그리스도는 순종함으로 세상에 오셨으

---

17) Karl Barth, *Church Dogmatics IV/1*, (Edinburgh: T&T Clark, 1956), 60-63.

18) J. C. Hoekendijk, "The Church in Missionary Thinking," *International Review of Mission* 41(1952), 324-332.

19) David J. Bosch, *Transforming Mission*, 389-392.

며, 성령은 지금도 교회를 파송하여 하나님의 선교를 지속적으로 확장하신
다. 이 삼중의 파송은 임무의 위임을 넘어 삼위일체의 관계적 내주에서 비롯
된 사랑의 순환이다. 즉, 하나님은 사랑 안에서 스스로를 나누시고, 그 사랑
이 세상 속으로 흘러 들어가는 운동이 곧 선교다.[20] 그렇기에 성육신은 삼위
일체 사랑의 구체화라고 할 수 있다.

임희모는 이를 "그리스도 방식의 선교"(Mission in Christ's Way)라고 표현하
며, 성육신이 수단을 넘어 존재론적 구조임을 강조한다.[21] 예수의 삶은 하나
님이 세상 속에 들어오신 존재의 방식이었으며, 그분의 낮아짐, 섬김, 순종은
모두 하나님 나라가 어떤 방식으로 확장되는지를 보여주는 선교적 모델이었
다. 보쉬는 성육신을 "하나님이 인간 역사 속에서 행하신 사랑의 자기 제한"
으로 정의하며 모든 선교의 원형이라 말한다.[22] 하나님의 사랑은 자신을 제
한함으로써 세상 속에 참여하고, 그 참여 속에서 세상을 새롭게 하신다. 이
는 하나님의 선교가 권력의 확장이며 관계의 확장임을 의미한다. 성육신은
삼위일체적 사랑의 질서가 역사 안에서 관계적 형태로 나타난 것으로 그 사
랑은 지금도 교회를 통해 확장되고 있다. 이 파송의 신학은 교회의 정체성
을 새롭게 정의한다. 교회는 복음을 '전달하는 기관'을 포함한 하나님의 존재
방식을 세상 속에 재현하는 공동체적 현존이다. 교회가 존재한다는 것은 곧
하나님이 세상에 현존한다는 의미이며, 그 현존은 언어보다 존재로, 명령보
다 관계로, 지배보다 섬김으로 드러난다. 반 겔더(Craig Van Gelder)는 교회를
"하나님의 선교에 동참하는 살아 있는 유기체"라 부르며, 교회가 본질적으로

---

20) Colin Gunton, *The Promise of Trinitarian Theology*, (London: T&T Clark, 1997), 112-115.

21) 임희모, "하나님 나라를 세우는 한국 교회의 성육신적 제자도 선교," 249-250.

22) David J. Bosch, *Transforming Mission*, 391.

파송된 공동체임을 강조한다.[23] 이때 교회는 선교를 수행하는 조직이며 하나님의 선교적 삶에 참여하는 '살아 있는 존재'가 된다.

삼위일체적 선교의 구조 안에서 성육신은 곧 하나님의 자기나눔과 교회의 존재 이유를 연결하는 신학적 고리다. 하나님은 아들을 세상에 보내시고, 그리스도는 성령 안에서 교회를 세상으로 보내신다(요 20:21-22). 이 파송의 연속은 성부의 사랑에서 성자의 순종, 그리고 성령의 임재로 이어지는 하나님의 선교의 순환 구조이며, 이 순환 안에 교회는 초대받은 존재다. 교회가 세상 속에 존재하는 이유는 복음만을 말하는 것을 넘어 그 복음을 삶으로 증언하기 위함이다. 결국, 성육신적 선교는 삼위일체 하나님의 상호 내주가 역사 속에서 확장된 운동이다. 하나님은 초월 속에 머무르지 않으시고, 사랑의 교제 안에서 세상으로 자신을 열어 주신다. 그분의 사랑은 순환하고, 흘러가며, 관계를 만든다. 그 관계 속에서 하나님은 세상과 연합하시고, 교회는 그 연합의 증거로 존재한다. 교회의 본질은 보냄과 함께 거함이다. 하나님은 여전히 세상 속으로 자신을 보내시며, 그분의 교회는 그 사랑의 흐름 속에서 하나님의 선교에 동참하는 존재가 된다.[24]

| 존재로 드러난 복음, 로고스의 빛과 생명

요한복음의 로고스 기독론은 복음을 단순한 메시지나 선언을 넘어 하나님의 존재가 세상 속에 현존하는 것으로 제시한다. "태초에 말씀이 계시니라. 이 말씀이 하나님과 함께 계셨으니, 이 말씀은 곧 하나님이시니라"(요

---

23) Craig Van Gelder, *The Essence of the Church*, (Grand Rapids: Baker, 2000), 72-74.

24) Walter Brueggemann, *The Prophetic Imagination*, 65-68.

현대선교신학의 주요 용어들 2

1:1). 요한복음의 서두는 서론을 넘어 성육신의 신학적 기초를 보여주는 구속 사적 서문이다. 로고스는 헬라 철학에서 '이성과 질서'를 뜻하지만, 요한에게 로고스는 하나님의 자기 계시의 인격적 실체, 곧 하나님의 존재가 언어로 나타난 것이다. 요한은 로고스를 통해 하나님이 추상적 사유가 아닌 살아 있는 존재로 인간과 관계하신다는 사실을 밝힌다.[25] "그 안에 생명이 있었으니, 이 생명은 사람들의 빛이라"(요 1:4). 요한의 선언은 존재론적 차원에서 하나님의 본질을 드러낸다. 하나님의 존재는 생물학적 생명을 넘어 존재의 근원적 생명이며, 인간을 존재하게 하는 근본 에너지이자 모든 창조의 원동력이다. 이 생명은 빛으로 나타나고, 그 빛은 어둠을 밝히며(요 1:5), 세상 가운데서 하나님의 임재를 실체로 드러낸다. 요한에게 있어 복음은 죄의 용서나 구원의 방법에 그치지 않고 하나님이 인간 안에 '생명으로 거하심'이다. 성육신은 그 생명이 인간의 역사 속으로 들어온 결정적 순간이며, 빛과 생명이 하나가 되어 세상 가운데 함께한 것이다.[26]

로고스는 말씀이며 동시에 관계이다. 요한이 말하는 "함께 계셨다"(πρὸς τὸν θεόν)는 표현은 단순한 동반의 개념을 넘어 '얼굴을 마주함'의 친밀한 교제를 뜻한다. 즉, 로고스는 하나님과의 관계 속에서 영원히 존재하신 분이며, 그 관계가 바로 하나님의 본질이다. 그리스도의 성육신은 이 관계가 세상 속으로 확장된 것이다. 하나님이 인간의 언어를 통해 말씀하신 것을 넘어 자신을 인간의 존재로 번역하신 것이다. 그분은 사랑을 설명하지 않으시고, 사랑이 되셨으며, 진리를 가르치지 않으시고, 진리로 존재하셨다.[27] 성육신은 하

---

25) Rudolf Bultmann, *The Gospel of John: A Commentary*, (Philadelphia: Westminster Press, 1971), 24-26.

26) Andreas J. K stenberger, *John*, (Grand Rapids: Baker Academic, 2004), 41-43.

27) Jürgen Moltmann, *The Way of Jesus Christ*, (London: SCM Press, 1990), 72-74.

나님의 언어가 인간의 삶으로 완전히 번역된 것이며 그리스도의 존재 자체가 복음의 실체였다. 최동규는 로고스 기독론이 "예수 그리스도의 참 하나님 되심과 참 인간 되심을 동시에 천명함으로써 선교의 존재론적 근거를 제공한다"고 지적한다.[28] 이는 복음이 교리나 규범을 넘는 하나님이 인간 안에서 자신을 드러내는 관계적 현존이라는 의미다. 그리스도의 삶과 죽음, 부활은 하나님이 인간의 역사와 감정, 고통 속으로 들어오셔서 그 안에서 구속을 완성하신 것이었다. 예수의 존재는 하나의 설교였고, 그분의 삶 전체가 하나님 나라의 선포였다. 그분은 말씀하신 대로 사셨고, 그분이 사신 그대로 하나님 나라를 보여주셨다.

요한복음에서 로고스는 '말씀'이지만 동시에 몸을 지닌 말씀이다. "말씀이 육신이 되어 우리 가운데 거하시매"(요 1:14)라는 표현은, 하나님의 언어가 역사적 실체로 변환된 것을 뜻한다. 이 말씀은 추상적 진리로 제한할 수 없는 고통받는 세상 안에서 사랑으로 살아 숨 쉬는 말씀이다. 그리스도의 몸은 인간의 육체로 하나님의 영광이 거하는 새로운 성전이 되었다(요 2:21). 성육신은 하나님은 인간의 고통과 기쁨, 절망과 희망을 함께 경험하시며, 그분의 생명이 인간의 존재 속으로 스며들었다.[29] 톰 라이트(N. T. Wright)는 "복음은 죄 사함의 소식을 포함한 하나님이 예수 안에서 세상을 바로잡으신다는 소식"이라고 말한다.[30] 그는 성육신을 창조의 회복으로 해석하며, 예수 그리스도 안에서 타락한 세상이 다시 창조의 질서 속으로 불려 들어간다고 설명한다. 성육신은 바로 그 회복의 첫 장면이며, 하나님 나라가 세상 속에 빛과

---

28) 최동규, "성육신의 관점에서 본 선교적 교회의 상황화," 293-295.

29) 한정훈, 『요한복음과 성육신 신학』, 97-100.

30) N. T. Wright, *Surprised by Hope*, (New York: HarperOne, 2008), 90-94.

생명으로 현존하게 된 것이다. 복음은 "좋은 소식"이라는 표현을 넘어 하나님이 세상을 새롭게 만드시는 존재라고 할 수 있다.

로고스의 빛은 외적인 계시이자 어둠 속에서도 꺼지지 않는 내적 임재이다. 그 빛은 세상의 어둠 속에서도 사라지지 않으며, 모든 인간의 심연 속에 새겨진 하나님의 흔적을 드러낸다(요 1:5). 그리스도의 빛은 세상을 비추는 동시에, 그 빛을 받은 자들이 다시 세상의 빛으로 살아가게 한다(마 5:14). 이것이 바로 로고스의 선교적 의미이다. 성육신은 하나님이 세상에 들어오신 것이며 세상이 다시 하나님 안으로 초대받는 것이기도 하다. 로고스의 빛과 생명은 하나님에게서 온 선물이며 그분의 존재가 우리 안에 거함으로 나타나는 공유된 생명이다.[31] 결국, 요한복음의 로고스는 하나님 나라의 현존을 드러내는 신학적 중심축이다. 로고스의 빛은 진리를 비추며, 그 생명은 세상을 살리고, 그 존재는 하나님 나라를 현재화한다. 그리스도의 성육신은 하나님의 언어가 인간의 삶으로, 하나님의 존재가 인간의 관계로, 하나님의 영광이 세상의 어둠 속으로 들어온 것이다. 복음은 말로 전해지는 것을 넘어 삶과 존재를 통해 드러나는 살아 있는 말씀이다.[32]

| 함께 거하심으로 완성되는 하나님 나라

성육신은 성경 전체의 신학적 흐름이 만나는 교차점이다. 창조의 시작부터 하나님은 인간과의 관계 안에서 자신을 드러내셨다. "우리가 우리의 형상을 따라 사람을 만들고"(창 1:26) 하신 말씀은 하나님의 형상이 인간 안에

---

31) Walter Brueggemann, *The Prophetic Imagination*, 65-68.

32) 김신구, "통전적 선교를 위한 현대교회의 성육신적 모습," 47-49.

새겨진 관계적 존재의 근원임을 보여준다. 하나님은 피조물을 창조하신 분이며 그들과 함께 거하시는 관계의 하나님이시다. 창세기의 하나님은 초월적 창조주이면서 동시에 내재적 동반자이며, 인간의 생명 속으로 자신의 숨결을 불어넣으심으로(창 2:7) "함께하심"을 창조의 질서로 심으셨다. 이처럼 성육신의 원형은 이미 창조의 순간 속에 잠재되어 있었다.[33]

출애굽에서도 하나님은 구원의 행위자이시며 백성과 함께 거하시는 분으로 자신을 계시하셨다. "여호와께서 그들 앞에서 낮에는 구름기둥으로, 밤에는 불기둥으로"(출 13:21-22) 이스라엘의 모든 여정에 동행하셨다. 이 임재의 여정은 성막의 언어로 구체화된다. "내가 그들 중에 거할 성소를 그들이 나를 위하여 짓되"(출 25:8). 성막은 예배의 공간이며 하나님의 현존이 인간의 현실 속으로 들어온 표징이었다. 그분의 임재는 백성의 도덕적 완전함과 함께 은혜로 동행하시는 하나님 자신의 성품에서 비롯된 것이다. 성막은 성육신의 예표이며, 하나님이 인간의 시간과 공간 속에 스스로 머무르신 것이었다.[34] 그러나 이스라엘이 언약을 깨뜨리자, 성전의 영광은 떠났고(겔 10:18) 하나님의 임재는 인간의 불순종 앞에서 감추어졌다. 그때부터 선지자들은 다시금 임재의 회복을 예언한다. 이사야는 "보라 처녀가 잉태하여 아들을 낳을 것이요 그 이름을 임마누엘이라 하리라"(사 7:14)고 선포하며, 하나님이 다시 인간의 역사 속으로 몸을 입고 들어오실 것을 예언한다. 이 예언은 단순한 정치적 희망을 포함한 하나님의 구속이 관계의 회복을 통해 이루어질 것을 선언한 것이다.[35] 이 약속은 신약에서 결정적으로 성취된다. "말씀이 육

---

33) 임희모, "하나님 나라를 세우는 한국 교회의 성육신적 제자도 선교," 245-248.

34) Raymond E. Brown, *The Gospel According to John I-XII*, 25-28.

35) Walter Brueggemann, *Theology of the Old Testament: Testimony, Dispute, Advocacy*, (Minneapolis: Fortress Press, 1997), 712-715.

신이 되어 우리 가운데 거하시매"(요 1:14) 하나님의 영광은 더 이상 성전의 휘장 뒤에 머무르지 않고, 예수 그리스도의 몸 안에 거하심으로 세상 한가운데 임하였다. 성육신은 하나님이 인간의 언어, 감정, 육체를 입고 인간과 같이 사시는, 곧 "임마누엘의 완성"이었다.[36]

브루그만(Walter Brueggemann)은 성육신을 "하나님의 정의와 평화가 인간 현실 속에 거하는 것"이라 규정한다.[37] 그는 성육신을 단순한 신적 개입으로 보지 않고, 하나님 나라의 윤리적 임재로 이해한다. 즉, 하나님의 정의와 평화가 추상적 원리이며 관계 속에서 실현된 삶의 방식이라는 것이다. 예수 그리스도는 바로 그 정의와 평화의 실체로 세상에 오셨으며, 그분의 존재 자체가 하나님 나라의 통치 방식을 보여주었다. 그분은 강자의 권세로 세상을 구원하지 않고, 가난한 자, 병든 자, 소외된 자의 자리에 함께하심으로 하나님의 정의를 이루셨다. 성육신은 하나님의 정의가 몸으로 선포된 윤리적 현실이며 하나님 나라의 임재가 인간의 삶의 자리로 확장되는 출발점이다. 예수의 부활은 하나님 나라의 완성을 예고하는 동시에, 성육신이 여전히 현재진행형임을 보여준다.

하나님은 지금도 성령을 통해 세상 속에서 그리스도의 임재를 계속 드러내신다. 몰트만(Moltmann, Jürgen)은 "성육신은 하나님이 고통받는 세상 안으로 자신을 내어주신 것이며, 그 사랑의 참여가 지금도 교회를 통해 지속된다"고 말한다.[38] 성육신은 하나님 나라가 세상 속에 지속적으로 현존하는 과정이다. 이제 교회는 그 현존의 통로로 부름받았다. 교회는 성육신의 진리

---

36) Andreas J. Köstenberger, *John*, 41-43.

37) Walter Brueggemann, *The Prophetic Imagination*, 67-70.

38) Jürgen Moltmann, *The Way of Jesus Christ*, 77-80.

를 선포하는 공동체이며 그 진리를 삶으로 살아내는 공동체다. 예수 그리스도가 세상 속에 "함께 거하심"으로 하나님 나라를 드러내셨듯, 교회 역시 세상 한가운데서 그분의 임재를 삶과 공동체를 통해 가시화해야 한다. 성육신은 하나님이 인간의 몸을 입으셨고 하나님 나라의 복음이 존재로 선포된 것이다. 그리스도의 존재는 하나님 나라의 중심이 되었고, 그분의 방식은 모든 선교의 패러다임이 되었다. 교회는 그 복음의 현존을 이어가는 "함께 거하는 공동체"로 부름받았으며, 그 부르심은 지금도 성령 안에서 계속된다. 성육신은 하나님 나라의 시작이며, 그 나라의 복음은 말씀이 아닌 존재로, 선언이 아닌 삶으로 드러난다.[39]

성육신의 구체적인 표현들

| Missio Dei에서 Missio Christi로

20세기 중반 이후 선교신학의 가장 중요한 전환은 "교회의 선교"(Missio Ecclesiae)에서 "하나님의 선교"(Missio Dei)로의 이동이었다. 이는 선교의 주체가 인간이나 교회가 넘어 하나님 자신임을 선언하는 신학적 혁명이었다. 호켄다이크는 1950년대 초, "선교는 교회의 활동을 넘어 세상을 향한 하나님의 운동이다"라고 주장하며 선교를 하나님의 본질적 속성으로 재정의했다.[40] 이후 보쉬는 『변화하는 선교』(Transforming Mission)에서 "하나님의 선교

---

39) N. T. Wright, *How God Became King*, (New York: HarperOne, 2012), 149-152.

40) J. C. Hoekendijk, "The Church in Missionary Thinking," 324-332.

는 삼위일체적 사랑의 운동이며, 그 중심에는 성육신이 있다”고 천명했다.[41] 이전까지 교회의 선교가 “복음 전파와 교회 확장” 중심의 기적 행위였다면, 현재의 선교는 하나님의 존재 방식으로 이해되기 시작했다. 하나님은 세상을 멀리서 구원하지 않으시고, 그 안으로 들어오셔서 관계를 맺고, 고통을 나누며, 그분 자신을 세상 속에 내어주심으로 선교하신다. 이것이 곧 성육신의 선교 신학적 의미이다. Missio Dei는 “하나님이 보내신다”는 차원을 넘어, “하나님이 함께하신다”는 임마누엘의 방식으로 확장된다.

임희모는 이를 “하나님 나라를 세우는 성육신적 제자도 선교”로 규정하며, 하나님 나라의 복음은 추상적 개념을 넘어 예수 그리스도의 존재를 통해 몸으로 선포된 현실이라 강조한다.[42] 그는 “그리스도의 성육신은 하나님 나라가 역사 속에 임한 선교의 구체적 형태”이며, 교회는 바로 그 존재의 방식을 따라 살아야 한다고 말한다. 즉, 선교의 본질은 ‘보냄’ 보다 ‘함께함’이며, 성육신은 하나님이 세상 속으로 들어오신 선교적 자기선언이다.[43] 성육신의 선교신학은 하나님 나라의 실현을 “존재의 방식”으로 이해한다. 하나님은 인간의 고통과 역사 속에서 자신을 계시하셨고, 그리스도는 인간의 몸으로 하나님의 사랑을 드러내셨다. 선교는 복음을 말하는 행위가 포함한 하나님의 현존을 관계 속에서 살아내는 방식이다. 보쉬는 이를 “하나님이 인간 역사 속에서 자신을 제한하신 사랑”이라 설명하며, 성육신을 “모든 선교의 원형”으로 제시한다.[44] 그리스도의 낮아짐은 하나님의 사랑이 역사 속으로 들어오는 윤리적 형태이며, 그분의 섬김은 하나님 나라의 통치 방식이었

---

41) David J. Bosch, *Transforming Mission*, 389-392.

42) 임희모, “하나님 나라를 세우는 한국 교회의 성육신적 제자도 선교,” 249-252.

43) Walter Brueggemann, *The Prophetic Imagination*, 68-70.

44) David J. Bosch, *Transforming Mission*, 391.

다.[45]

몰트만은 "하나님의 선교는 고통 속으로 들어가신 하나님 자신"이라 말하며, 성육신을 하나님의 선교적 존재 방식으로 규정한다.[46] 그에게 성육신은 하나님이 세상을 향해 스스로를 비우고, 그 비움 속에서 인간을 새롭게 하신 것이다. 성육신은 선교의 방법이자 하나님 나라의 형식이다. 하나님은 초월로부터 세상으로, 명령에서 관계로, 지배에서 섬김으로 자신을 드러내신다. 이처럼 성육신의 선교신학은 하나님의 존재와 사랑의 표현이다. 교회는 그분의 존재를 닮아 세상 속에서 함께 거하는 교회(being-with Church)가 되어야 하며, 그리스도의 임재를 삶으로 드러내야 한다. 성육신은 하나님 나라 복음의 방식이며, 하나님은 여전히 그 방식을 통해 세상 안에서 자신을 선포하고 계신다.[47]

| 성육신과 삼위일체 하나님 그리고 참여적 선교

성육신은 삼위일체 하나님의 파송 구조 속에서 이해되어야 한다. 하나님은 존재론적으로 관계 안에 계시며, 그 관계 안에서 세상을 향해 자신을 보내신다. 성부는 사랑으로 성자를 보내시고, 성자는 순종으로 세상에 오시며, 성령은 지금도 그 사역을 완성하신다(요 20:21-22). 이 삼위일체의 파송은 사역의 분담을 넘어 하나님의 존재 방식이 세상 속으로 확장되는 것이다. 즉, 성육신은 하나님이 삼위의 교제 속에서 세상을 향해 자신을 개방하신 것이

---

45) Christopher J. H. Wright, *The Mission of God*, 374-376.

46) Jürgen Moltmann, *The Way of Jesus Christ*, 80-83.

47) Craig Van Gelder, *The Essence of the Church*, 74-76.

며, 그 안에서 선교는 하나님의 존재 자체의 외화가 된다.[48]

삼위일체 하나님은 정적인 존재이자 관계적 실재이시다. 어거스틴 (Augustine, Saint)은 삼위일체를 "사랑하는 자, 사랑받는 자, 사랑 그 자체"로 설명하며, 하나님 안에는 영원한 상호 내주와 상호 증여의 운동이 있다고 했다.[49] 이 상호 내주의 구조는 폐쇄처럼 보이지만 개방의 신학이다. 성부의 사랑은 성자를 통해 세상으로 흘러가며, 성령은 그 사랑을 지속시키는 관계의 힘으로 작용한다. 선교는 하나님 안의 관계가 세상 속으로 확장되는 사랑의 흐름이다. 몰트만은 이를 "삼위일체적 사회 신학"으로 해석하며, 하나님의 존재는 단일한 권위 구조처럼 보이지만 참여와 개방의 공동체적 질서라고 설명한다.[50] 그에게 성육신은 삼위일체의 내적 사랑이 세상 속에서 사회적 관계로 드러난 것이다. 하나님은 고통받는 세상을 멀리서 지켜보지 않으시고, 그 고통 속으로 들어가 함께하심으로 사랑을 실천하셨다. 성육신은 바로 그 삼위일체 사랑의 외적 현현이며 선교는 하나님 나라의 확장으로 삼위일체 사랑의 참여적 재현이다.

보쉬는 "하나님의 선교는 삼위일체 하나님의 내적 관계에 뿌리를 두고 있으며, 성육신은 그 관계가 세상 속으로 역사적으로 나타난 것"이라고 말한다.[51] 그는 성육신을 예수의 파송으로 한정하지 않고, 성령의 사역까지 포함한 역동적 순환 구조로 해석한다. 성부의 보냄에서 성자의 순종, 그리고 성

---

48) Karl Barth, *Church Dogmatics IV/1*, 60-63.

49) Augustine, "De Trinitate," In *Nicene and Post-Nicene Fathers, First Series, Vol. 3*, (Grand Rapids, MI: Eerdmans, 1989), 7.

50) Miroslav Volf, *After Our Likeness: The Church as the Image of the Trinity* (Grand Rapids: Eerdmans, 1998), 202-204.

51) David J. Bosch, *Transforming Mission*, 392-394.

령의 동행이라는 이 삼중적 순환은 하나님의 선교 전체를 지탱하는 틀이다. 성부는 세상으로의 파송을 명하셨고, 성자는 세상 속으로 들어오셨으며, 성령은 지금도 교회를 세상으로 보내신다. 그 결과 교회는 "보내심 받은 공동체"로 존재하게 된다.[52] 크레이그 밴 겔더는 교회의 존재를 "하나님의 선교의 연장선상에 있는 유기체적 현존"으로 정의하며, "교회는 성육신적 하나님이 세상 안에 현존하시는 방식"이라고 말한다.[53] 그에게 교회는 복음을 전하는 기관을 포함한 하나님의 존재 방식에 참여하는 살아 있는 유기체다. 교회의 본질은 프로그램이나 제도에 있지 않고, 하나님이 세상 속에 거하신다는 사실 자체에 있다. 교회가 존재한다는 것은 곧 하나님이 세상 속에 현존한다는 의미이며, 현존은 예배나 설교보다 삶과 관계를 통한 선교적 현상학으로 드러난다.

이러한 삼위일체적 파송 구조는 교회의 선교가 단방향적 전달에 그치지 않고 참여의 순환임을 보여준다. 성부는 보내시고, 성자는 순종하며, 성령은 함께하신다. 그리고 그 순환은 교회를 통해 계속 이어진다. 선교는 인간의 프로젝트처럼 보이지만 하나님이 세상 속에 자신을 계속적으로 나누시는 관계이다. 이 관계의 선교는 언어보다 존재로, 지배보다 섬김으로, 거리보다 동행으로 드러난다.[54] 하나님은 여전히 세상 속에서 자신을 드러내고 계시며, 그분의 교회는 그 사랑의 관계 안에 초대된 참여적 존재로 부름받았다. 결국, 성육신은 삼위일체 하나님의 관계적 본질이 세상 속에서 가시화 된 것이며, 이 구조는 모든 선교의 근본적 모델이 된다. 교회가 이 파송 구조에 참

---

52) 임희모, "하나님 나라를 세우는 한국 교회의 성육신적 제자도 선교," 249-252.

53) Craig Van Gelder, *The Essence of the Church*, 72-76.

54) Walter Brueggemann, *Theology of the Old Testament*, 712-715.

   현대선교신학의 주요 용어들 2

여할 때, 그 선교는 더 이상 전략이나 도구에 머물지 않고 하나님의 사랑의 연속성으로 완성된다. 선교는 "파송" 보다 "순환"이며, "사역" 보다 "참여"이다. 하나님은 세상을 떠나 구원하지 않으시고, 세상 속에 거하시며 구원하신다. 이것이 곧 성육신의 방식이며, 삼위일체 하나님의 선교적 존재 방식이다.[55]

| '보내심 받은 교회'에서 '함께 거하는 교회'로

성육신의 신학은 교회의 존재 이유를 근본적으로 재정의한다. 교회를 선교를 '수행하는 기관'으로만 보지 않는다. 성육신하신 하나님이 세상 안에 현존하시는 유기체적 실체로 본다. 예수 그리스도의 성육신이 하나님의 임재를 세상 속에 드러낸 것이라면, 교회의 존재는 그 임재가 역사 속에서 지속되는 형태이다. 교회는 복음을 전하는 도구이며 하나님의 사랑과 정의가 세상 한가운데 몸으로 드러나는 현장이다. 요한복음 20장 21절에서 예수께서 "아버지께서 나를 보내신 것 같이 나도 너희를 보내노라"고 말씀하신 것은 교회의 선교적 본질을 규정하는 결정적 선언이다. 그러나 여기서 '보냄'은 단순한 명령이기보다 관계적 참여의 초대이다. 성부가 성자를 보내셨을 때, 그 보냄은 사랑의 연속이었고, 성자는 세상 속으로 들어오셨으나 아버지와의 일치를 잃지 않으셨다(요 17:21). 이와 같이 교회는 세상 속으로 보내심을 받았지만, 하나님 안에 거하며, 그분의 현존을 세상에 드러내는 참여적 존재이다.

보쉬는 "선교는 교회의 프로그램에 그치지 않고 하나님이 세상 속에서

하시는 일에의 참여(participation in the missio Dei)"라고 정의한다.[56] 그에 따르면 교회는 하나님을 대신하는 주체이며 하나님의 현존에 참여하여 세상 속에서 그 사랑을 함께 살아내는 실체다. 이때 선교는 행위이며 존재의 형태가 된다. 즉, 교회가 존재하는 자체가 이미 선교다. 임희모는 이를 "관계의 복음"이라 부르며, "교회는 복음을 외치는 공동체이자 복음이 살아 숨 쉬는 관계의 장"이라 강조한다.[57] 그의 주장에 따르면 성육신적 교회는 세상 밖에서 외치는 선교와 함께 세상 안에서 함께 울고 웃으며 하나님 나라를 구현하는 선교다. 그리스도께서 인간과 함께 머무심으로 하나님의 사랑을 보여주셨듯, 교회 역시 세상 한가운데서 그분의 임재를 삶과 공동체를 통해 가시화해야 한다. 이것이 "보내심 받은 교회"에서 "함께 거하는 교회"로의 결정적 전환이다. 몰트만은 교회의 본질을 "하나님의 자기비움 안에서 이루어진 참여의 공동체"로 규정한다.[58] 그는 성육신을 하나님이 인간의 고통 속으로 들어오신 것으로 이해하며, 그리스도의 제자 공동체는 이 사랑의 참여를 존재의 방식으로 이어가는 교회라 본다. 교회는 권력의 중심에 서지 않고 고통의 중심에 서야 하며, 지배의 언어를 사용하기보다 섬김의 몸짓으로 세상을 치유해야 한다. 그리스도의 성육신은 교회의 존재 방식이자 선교의 윤리적 원형이다.

교회의 정체성은 제도적 구조보다 관계적 실체에 있다. 교회는 특정 장소에 고정된 집단이 되기보다는 하나님의 임재가 세상 속으로 이동하는 성막적 공동체가 되어야 한다. 하나님이 광야에서 이스라엘과 함께 장막을 치

---

56) David J. Bosch, *Transforming Mission*, 390-392.

57) 임희모, "하나님 나라를 세우는 한국 교회의 성육신적 제자도 선교," 249-252.

58) Jürgen Moltmann, *The Church in the Power of the Spirit*, 64-68.

현대선교신학의 주요 용어들 2

셨듯, 오늘의 교회는 도시와 빈민가, 학교와 시장, 디지털 공간 속에서도 하나님과 함께 거하는 현존의 교회로 살아야 한다. 그것이 성육신의 신학이 요구하는 "머무름의 선교"다. 김신구는 이러한 교회의 선교적 존재를 "하나님 나라 복음이 존재로 선포"로 설명하며, 교회의 사명을 "하나님과 세상 사이의 경계를 허무는 임재의 실천"이라 말한다.[59] 교회는 말하는 존재를 넘어 보이는 하나님 나라이며, 선교는 제도적 확장을 포함한 함께 거하는 사랑의 실현이다. 교회가 세상 속으로 들어갈 때, 그 자체로 하나님 나라의 통치가 현현된다. 성육신적 교회는 "나가서 말하는 교회"를 넘어 "머물러서 보여주는 교회"이다. 그 존재는 말보다 관계로, 지배보다 섬김으로, 거리보다 동행으로 복음을 드러낸다. 이러한 교회는 세상 속에서 하나님 나것의 표징이 되며, 그 존재 자체로 세상을 향한 임마누엘의 증언이 된다. 즉, 하나님이 세상 속에 들어오셨듯, 교회는 세상 속에 머물러 하나님과 함께 거해야 한다.[60]

오늘날의 교회가 직면한 위기는 복음의 내용 때문이 아니다. 복음의 존재 방식을 잃어버린 데 있다. 많은 교회가 여전히 "가르치는 선교"에 머물러 있지만, 성육신은 "함께하는 선교"로의 초대를 뜻한다. 선교는 전략보다 관계이며, 성과보다 동행이다. 이것이 예수 그리스도의 방식이며, 교회의 존재 목적이다. 하나님은 세상 속으로 들어오셨고, 그분의 교회는 여전히 세상 속에 그분의 임재를 증언하는 삶의 공동체로 남아야 한다.[61] 결국, "보내심 받은 교회"는 세상 속으로 나아가는 사명을 부여받은 공동체이지만, "함께 거하

---

59) 김신구, "통전적 선교를 위한 현대교회의 성육신적 모습," 47-49.

60) Craig Van Gelder, *The Essence of the Church*, 72-74.

61) Christopher J. H. Wright, *The Mission of God*, 383-385.

는 교회"는 그 사명을 삶으로 완성하는 존재이다. 성육신은 교회를 세상으로 이끄는 힘이며, 그 힘은 교회의 언어보다 관계 속에서 드러난다. 하나님 나라의 복음은 존재로 전파되고, 삶으로 해석되며, 공동체로 완성된다.[62]

| 복음의 현존으로 드러난 하나님 나라

복음은 언제나 구체적인 '자리'에 임한다. 하나님은 추상적 차원에서 말씀하지 않으시고, 모든 삶의 영역 속에서 말씀하신다. 성육신은 하늘에서 땅으로의 이동을 넘어 하나님의 말씀이 한 시대의 언어, 문화, 역사 안으로 들어오신 것이다. 이것이 바로 성육신적 상황화의 출발점이다. 즉, 하나님은 '보내신 곳'에 머무시며, 그곳의 언어로 말씀하시고, 그 문화의 고통 속에 참여하신다.[63] 보쉬는 "모든 선교는 필연적으로 상황적이며, 성육신은 하나님의 선교가 구체적 현실 속으로 들어온 가장 탁월한 예"라고 지적한다.[64]

그에 따르면 성육신은 "하나님이 문화 속으로 들어오심"이며 선교는 문화 속에서 하나님 나라를 드러내는 행위이다. 복음은 문화와 동떨어진 낯선 메시지가 아니다. 하나님의 현존이 그 문화 안에서 새롭게 해석되는 관계이다. 예수 그리스도는 팔레스타인의 언어로, 그 시대의 고통과 기대 속에서 하나님 나라를 선포하셨다. 그분의 복음은 '유대적 인간 현실'을 벗어난 초월적 교리라고 할 수 있다. 인간의 몸과 언어, 눈물과 기쁨 속으로 들어온 하나님의 말씀이었다. 이 점에서 성육신적 상황화는 단순한 '문화 적응'이 넘어

---

62) Walter Brueggemann, *Theology of the Old Testament*, 712-715.

63) David J. Bosch, *Transforming Mission*, 420-425.

64) Ibid., 389-392.

현대선교신학의 주요 용어들 2

서는 존재의 참여이다.

히버트(Paul G. Hiebert)는 이를 "비판적 상황화"(Critical Contextualization)와 구별하며, 성육신은 하나님이 세상의 문화 안에서 새로운 생명을 창조 하신 것이라 설명한다.[65] 하나님은 인간 문화를 거부하거나 모방하지 않으시고, 그 속에 들어가 새 의미를 부여하신다. 그리스도께서 세상 속으로 들어오신 방식은 문화의 폐기를 통한 구원이 아닌 문화의 새 창조였다. 복음의 상황화 는 내용을 번역하는 것을 넘어 하나님 나라의 가치가 각 문화 속에서 살아 움직이는 생명력으로 구현되는 과정이다. 몰트만은 "성육신은 하나님의 사 랑이 인간의 역사 안으로 들어오신 것이며, 그 사랑은 사회적·문화적 변혁의 씨앗으로 남는다"고 강조한다.[66] 성육신은 구원의 방법을 포함한 하나님 나 라의 사회적 윤리를 보여주는 행위이다.

예수는 로마 제국의 억압 속에서, 가난한 자와 병든 자를 가까이하시며 하나님의 나라가 세상 속에서 어떻게 드러나는지를 보여주셨다. 그분은 율 법의 완성이며 인간의 회복으로, 제도의 정화를 넘어 관계의 치유로 세상을 변화시키셨다. 그분의 선교는 '도덕적 지침'에 머무르지 않고 삶으로 드러난 하나님 나라의 현존이었다. 성육신적 상황화는 교회의 존재 방식에도 결정 적 함의를 갖는다. 복음이 세상 속에서 '살아 있는 형태'로 드러나는 현존의 장이다. 김신구는 "성육신적 교회는 세상 속에서 하나님의 임재를 가시화하 며, 그 존재 자체가 복음의 상황화"라고 말한다.[67] 그에 따르면 교회는 복음

---

65) Paul G. Hiebert, "Critical Contextualization," *International Bulletin of Missionary Research* 11(1987), 104-112.

66) Jürgen Moltmann, *The Way of Jesus Chris*, 72-74.

67) 김신구, "통전적 선교를 위한 현대교회의 성육신적 모습," 47-49.

을 지역과 세대, 문화를 초월하여 동일하게 전하는 것을 넘어 각 맥락 속에서 하나님 나라의 정의와 평화를 삶으로 실천하는 공동체여야 한다. 즉, 복음은 교리의 전달로 그치지 않는 삶의 언어로 번역되어야 한다.

이러한 성육신적 상황화는 오늘날의 디지털·글로벌 시대에도 여전히 유효하다. 세계화와 기술혁신으로 인간의 경계가 무너진 시대에 복음은 더 이상 지역적 담론으로만 볼 수 없기에 새로운 관계망 안에서 현존으로 드러나야 한다. 교회는 디지털 공간 속에서도 "보내심 받은 교회"로 머물며, AI와 미디어 환경 속에서 함께 거하는 신학적 실천을 구현해야 한다. 성육신은 물리적인 것에 머물지 않고, 모든 시대와 문화 속에서 하나님의 임재가 구체적으로 드러나는 지속적 원리다. 성육신적 상황화는 복음을 세상 속으로 밀어 넣는 전략을 넘어 하나님의 존재가 세상 속에 거하는 방식이다. 복음은 사람들 사이의 관계, 정의의 실천, 공동체의 사랑 속에서 드러난다. 교회가 그리스도의 몸으로 세상 속에 머물 때, 그 자체가 복음의 번역이며, 세상은 그 안에서 하나님 나라의 현존을 보게 된다.[68]

| 존재로 선포된 하나님 나라

성육신을 교리로만 볼 수 없는 것은 하나님은 말씀으로만 구원하지 않으시고, 인간의 역사 속으로 들어오셔서 몸으로 사랑을 증언하셨기 때문이다. 그분의 거하심은 하나님 나라의 선포이자, 구원의 말씀이 삶으로 번역된 현존이었다. 선교의 본질은 "복음을 말하는 것"을 넘어 "복음이 되는 것"이다.[69]

---

68) 임희모, "하나님 나라를 세우는 한국 교회의 성육신적 제자도 선교," 249-252.

69) Christopher J. H. Wright, *The Mission of God*, 383-385.

성육신적 선교는 하나님의 구원 행위가 인간의 삶 속에서 지속되는 신학적 과정이다. 예수 그리스도는 하나님의 사랑이 몸으로 드러난 존재였고, 그분의 교회는 그 사랑의 확장이다. 교회는 하나님의 임재가 머무는 성막이며, 세상 속에서 하나님 나라가 현현하는 장소이다. 이러한 관점에서 선교는 하나의 '프로그램'으로 이해하기보다 존재의 형태로 이해되어야 한다. 하나님의 나라가 인간 사회 안에서 구체적으로 드러나기 위해서는, 복음이 언어를 넘어 관계로, 교리를 넘어 삶으로, 선언을 넘어 현존의 방식으로 실현되어야 한다. 보쉬는 "선교의 목표는 교회 확장을 포함한 세상 속에서 하나님의 통치를 가시화하는 것"이라 말한다.[70]

이때 성육신은 바로 그 통치의 방식이다. 하나님은 권력으로 세상을 구원하지 않으시고, 섬김과 참여로 세상을 새롭게 하신다. 그리스도의 낮아짐은 구속의 수단이라 볼 수 없으며 하나님 나라의 윤리적 본질이라 할 수 있다. 선교는 경쟁이나 확장의 논리로 말할 수 없으며 비움과 관계, 사랑과 동행의 실천으로 정의된다. 몰트만은 "하나님의 나라는 교리로 존재하지 않고, 관계 속에서 현존한다"고 하며, 성육신의 의미를 "하나님의 사랑이 세상 속으로 거주함"으로 해석한다.[71] 하나님은 멀리서 세상을 구원하지 않으시고, 그 안에 거하시며 함께 고통받으신다. 성육신은 단순한 '보냄'을 뛰어넘는 세상 속에 함께 거하시는 하나님의 존재 방식이다.

이러한 신학적 이해 속에서 성육신적 선교는 네 가지 방향으로 요약될 수 있다. 첫째, 존재의 선교는 행위 이전에 존재의 차원이다. 교회는 "복음을

---

70) David J. Bosch, *Transforming Mission*, 518-520.

71) Jürgen Moltmann, *The Way of Jesus Christ*, 65-68.

72) 임희모, "하나님 나라를 세우는 한국 교회의 성육신적 제자도 선교," 249-252.

수행하는 기관"이며 "복음이 머무는 존재"이다. 교회의 존재 자체가 선교이며, 그 존재 안에 하나님 나라가 드러난다. 둘째, 참여의 선교는 하나님이 세상 속에 참여하셨듯, 교회도 세상의 고통 속에 들어가 그분의 사랑을 드러내야 한다. 선교는 거리두기를 배제한 동행이며 섬김의 실천이다. 셋째, 관계의 선교로 성육신은 하나님이 인간과 '함께 거하심'이다. 그러므로 복음은 관계 속에서 전해지고, 사랑의 관계 안에서만 그 진리가 증언된다. 곧 관계 없는 선교는 존재하지 않는다. 넷째, 현존의 선교로 성육신은 하나님 나라의 현존을 세상에 드러낸다. 교회가 세상 속에서 존재할 때, 그 자체로 하나님 나라가 선포된다. 선교는 '말'보다 '삶'이며, 교회는 '가르치는 곳'보다 '머무는 곳'이어야 한다.

오늘날의 교회가 회복해야 할 것은 새로운 전략이 찾기보다 성육신의 방식이다. 그것은 세상과의 대립각을 세우지 않고 세상 속으로 들어가 함께 거하는 참여의 선교이다. 그리스도의 몸인 교회는 하나님이 세상 가운데 거하시던 그 방식으로 오늘의 역사 안에서 다시 그분의 임재를 구현해야 한다.[72] 결국, 성육신적 선교는 하나님 나라의 복음이 언어로 선포됨을 넘어 존재로의 선포이다. 그리스도의 삶이 복음의 내용이었다면, 교회의 존재는 복음의 지속이다. 교회는 하나님 나라의 통치를 '설명하는 곳' 이기 보다 그 나라의 현존을 증거하는 자리이다. 이것이 성육신의 방식으로 드러난 선교의 길이며, 모든 그리스도인이 부름받은 하나님 나라의 삶이다.[73]

---

73) Walter Brueggemann, *Theology of the Old Testament*, 712-715.

   현대선교신학의 주요 용어들 2

오늘날 성육신적 교회의 실천 방향

성육신은 과거의 구속 사건으로만 볼 수 없다. 오늘의 교회가 세상 속에서 살아내야 할 신학적 방식이다. 하나님이 인간의 몸을 입고 세상에 들어오셨듯, 교회 역시 하나님의 현존이 세상 안에 머물도록 부름받았다. 실천 신학적 관점에서 성육신은 교회의 존재론적 방향이며, 신앙의 내면화를 넘어 사회적·관계적, 문화적 현장에서 하나님 나라의 가시화를 실현하는 신학적 삶이다. 오늘날 교회의 위기는 복음의 본질에 관한 것보다 복음이 실천으로 이어져 어떻게 드러남을 생각해야 한다. 많은 교회가 여전히 선교를 '보내는 일'로 이해하지만, 예수의 성육신은 선교를 함께 거하는 방식으로 전환시켰다.

| 존재로서의 교회로 회복

성육신의 실천은 교회의 존재 방식을 근본적으로 재구성한다. 하나님께서 인간의 몸을 입고 오심은 교회가 세상 속에서 어떻게 살아야 하는지를 결정짓는 존재론적 원형이다. 성육신적 실천은 교회가 새로운 프로그램을 도입하거나 제도를 혁신하는 차원의 문제가 아니다. 그것은 교회의 정체성이 무엇이며, 그 존재가 세상 안에서 무엇을 드러내야 하는가를 묻는 본질적 질문이다. 결국, 교회의 내적 갱신은 제도적 변화보다 그리스도의 방식으로 존재를 새롭게 하는 영적 변혁이다.

몰트만은 "교회가 성육신적 공동체가 되려면 먼저 스스로의 경계를 허물고, 약함 속으로 들어가야 한다"고 지적한다.[74] 그에게 약함은 하나님 나

---

74) Jürgen Moltmann, *The Church in the Power of the Spirit*, 64-68.

라의 능력이 드러나는 자리다. 하나님은 강함에서 드러나기보다 연약함 속에서 드러나며 섬김 속에서 당신의 임재를 드러내신다. 교회의 회복은 관계의 회복, 곧 '함께 거함'으로부터 시작된다. 공동체 안에서의 진정한 관계는 제도나 기능으로 만들어지지 않는다. 즉 서로의 아픔에 참여하고, 함께 울며, 함께 기뻐하는 존재론적 동행의 영성 속에서 형성된다.

교회가 이런 성육신적 관계성을 회복하려면 먼저 자기중심적 신앙을 내려놓고 공동체적 존재로 전환해야 한다. 현대 교회가 흔히 빠지는 오류는 '사역의 분업화'다. 사역이 직분과 부서의 역할로 분리될 때, 교회의 본질은 하나의 조직으로 축소된다. 그러나 성육신적 교회는 조직을 넘어 유기체이며 '함께 거하는 존재'로서 하나님 나라를 드러내는 살아 있는 몸이다. 교회의 내적 갱신은 이 몸의 회복을 의미한다. 이 갱신은 예배, 공동체성, 섬김의 구조 속에서 구체적으로 드러난다. 예배는 하나님을 향한 고백이자 세상을 향한 파송이며, 교회가 하나님 앞에 모였다가 세상 속으로 흩어지는 성육신적 리듬의 자리다. 공동체성은 일반적인 교제의 수준을 넘어 그리스도의 현존을 서로에게 증언하는 관계적 성례이다. 섬김은 교회의 외적 봉사를 포함한 그리스도의 케노시스를 일상에서 재현하는 삶의 예배이다. 이 세 가지가 통합될 때, 교회는 하나님 나라의 가치가 관계 속에서 경험되는 살아 있는 성막으로 변모한다.[75]

성육신적 교회의 내적 갱신은 또한 '권력 구조의 전환'을 포함한다. 교회는 종종 위계적 질서와 통제 구조 속에서 복음의 생명력을 잃어버리곤 한다. 그러나 예수의 성육신은 위로부터가 아닌 아래로부터의 섬김이었다. 지도자

---

75) Christopher J. H. Wright, *The Mission of God*, 383-385.

76) 임희모, "하나님 나라를 세우는 한국 교회의 성육신적 제자도 선교," 249-252.

     현대선교신학의 주요 용어들 2

는 명령하는 사람에서 함께 짐을 지는 동행자로 서야 한다. 그때 교회는 권위를 내세우기보다 사랑으로 서게 된다. 그리스도의 리더십은 사랑과 섬김의 자리에서 나타난다.[76] 또한 교회의 내적 갱신은 '신앙의 언어'를 재정비하는 일과도 연결된다. 성육신적 교회는 신앙을 설명하지 않고 살아낸다. 복음의 진리를 교리로 가르치는 대신 관계와 삶을 통해 보여준다. 그것은 신앙의 개념화를 넘어 하나님 나라의 존재 방식을 세상 속에 드러내는 생활 신학이다. 오늘날 많은 교회는 '무엇을 믿는가' 보다 '어떻게 존재하는가'를 통해 복음을 증언해야 한다.

| 사회 참여와 공공신학, 세상 속의 하나님 나라

성육신은 하나님이 인간의 역사 속으로 들어오신 것이다. 이 진리는 곧 교회가 세상 속에서 존재해야 할 방식의 근거가 된다. 예수 그리스도의 성육신은 하나님이 하늘의 안전한 거처를 떠나 세상의 고통, 불의, 불평등 한가운데 들어오신 것이며 그분의 삶은 곧 하나님 나라의 공공적 선언이었다. 교회의 사명은 '세상 밖에서 복음을 전하는 일'로 보다는 세상 속에서 하나님의 정의와 사랑이 구현되도록 삶으로 참여하는 일이다.

보쉬는 선교를 "하나님의 정의가 역사 속에서 드러나는 변혁적 참여"라 규정하며, 성육신이 바로 그 참여의 모델이라고 말한다.[77] 하나님은 세상을 심판하거나 회피하지 않으시고, 그 안으로 들어가 고통과 불의의 한복판에서 사랑과 정의를 드러내셨다. 선교의 목적은 교회의 확장을 넘어 세상 속에

---

77) David J. Bosch, *Transforming Mission*, 518-520.

78) 임희모, "하나님 나라를 세우는 한국 교회의 성육신적 제자도 선교," 249-252.

서 하나님 나라의 질서와 정의가 실현되는 것이다. 성육신의 선교적 윤리는 이 세상의 불의와 분열을 향한 참여적 저항이며, 그 본질은 권력의 중심을 추구하지 않고 고통의 주변에서 드러난다. 임희모는 이를 "공공 신학적 성육신"이라 부르며, "하나님 나라는 세상 속의 공공 영역에서 살아 있는 가치로 증언되어야 한다"고 말한다.[78] 이 관점에서 성육신적 선교는 교회의 담장을 넘어 가난, 억압, 생태 위기, 사회적 불평등과 같은 구조적 죄에 응답하는 공공의 실천을 요구한다. 교회는 진리를 선포하는 기관이지만 진리를 살아내는 공동체로 변화해야 한다. 그리스도의 성육신이 인간의 현실 속에서 하나님 나라를 보여주었듯, 교회는 사회 속에서 하나님 나라의 가치와 정의, 평화와 생명을 구체적 삶의 언어로 번역해야 한다.

공공 신학적 성육신은 '정치적 개입'을 넘어 '하나님 나라의 윤리적 증언'이다. 몰트만은 교회가 사회 속에서 수행해야 할 사명을 "사랑의 정치"라 정의하며, 그것이 곧 하나님 나라의 사회적 구조를 미리 보여주는 일이라 말한다.[79] 사랑의 정치는 이념적 대립을 넘어 상처 입은 사회의 화해와 관계 회복을 지향한다. 성육신적 교회는 특정 세력의 대변자가 되지 않고 모든 인간이 하나님의 형상으로 존귀하다는 창조적 평등의 증언자로 서야 한다. 그 존재 자체가 정의와 평화를 향한 하나님의 응답이 된다.

성육신적 공공 신학은 오늘날 한국 교회에 매우 시급한 요청이다. 경제 양극화, 생태 위기, 세대 갈등, 디지털 분열 등 현대 사회의 복합적 위기 속에서 교회는 여전히 '말하는 교회'로만 남아 있는 경우가 많다. 그러나 성육신의 하나님은 '들어오신 하나님'이셨다. 그분의 교회도 세상의 언저리로 들어

---

79) Jürgen Moltmann, *The Church in the Power of the Spirit*, 72-75.

                                현대선교신학의 주요 용어들 2

가야 한다. 고통받는 이웃, 상처 입은 자연, 소외된 세대 속으로 들어가 하나님 나라의 사랑을 몸으로 증언하는 교회가 되어야 한다. 결국, 성육신적 공공신학은 교회가 세상 속에서 '머물고, 듣고, 함께하는 신앙의 방식'을 회복하는 일이다. 하나님이 세상 속에 거하시듯, 교회도 세상 속에 머물러야 한다. 그 존재 자체가 세상의 희망이며, 그 현존 속에서 하나님 나라의 정의와 평화가 드러난다.

| 온라인 공간의 임마누엘

21세기의 선교 현장은 더 이상 하나의 지역, 하나의 공동체로 제한되지 않는다. 세계화와 디지털 혁명은 공간과 시간의 경계를 허물며 인간의 관계 방식을 근본적으로 바꾸어 놓았다. 이제 복음은 오프라인의 강단과 예배당을 넘어 SNS, 메타버스, 온라인 커뮤니티, 스트리밍 플랫폼 등 새로운 디지털 생태계 속에서도 살아 움직여야 한다. 이 시대에 성육신적 신학이 다시 요청되는 이유는 바로 여기에 있다. 성육신은 하나님의 임재가 새로운 문화와 기술의 장 속에서도 계속해서 '현존'하는 원리이기 때문이다.

보쉬는 이미 선교의 미래를 예견하며 "하나님의 선교는 공간의 확장을 넘어 관계의 확장"이라고 말한다.[80] 그의 통찰은 디지털 시대에도 여전히 유효하다. AI와 알고리즘이 인간의 상호작용을 중재하는 오늘의 세상에서, 교회의 사명은 '콘텐츠의 공급자'를 넘어 '관계적 현존'으로의 전환되는 것이다. 복음은 기술로 전달되는 정보와 더불어 사람 사이에 살아 있는 관계, 즉 "하

---

80) David J. Bosch, *Transforming Mission*, 420-425.

나님이 함께하신다"는 임마누엘로 드러나야 한다. 디지털 사회의 특징은 즉
시성과 비물질성이다. 그러나 성육신은 그 반대다. 그리스도는 말씀을 몸으
로 입으셨고, 하나님은 인간의 시간과 공간 속에 들어오셨다. 교회가 디지털
공간에 존재한다는 것은 비물질적 가상성을 추종하는 것만이 아니다. 그 안
에 새로운 방식으로 '몸을 가진 복음'을 구현하는 일이다. 예배가 실시간으로
중계되고, 성경 공부가 온라인으로 이루어질 수는 있다. 그러나 진정한 복
음의 힘은 여전히 관계적 만남 속에 존재한다. 성육신적 교회는 화면 너머의
사람을 '데이터'가 아닌 '존재'로 바라보는 공동체이다. 그 만남 속에서 교회
는 여전히 하나님 나라의 현존을 드러낸다. 성육신적 교회의 디지털 사역은
기술의 활용과 관계의 회복이다. 복음은 온라인에서 마케팅의 언어로 확산
되기 보다 사람과 사람 사이의 디지털 동행으로 드러나야 한다. 성육신의 의
미는 '기술적 소통'을 뛰어넘는 영적 현존이 된다. AI 시대의 교회는 기술을
'도구'로 사용하지만, 그보다 더 중요한 것은 그 도구를 통해 하나님의 사랑
이 구체적으로 체험되는 관계의 장을 만드는 일이다. 그것이 바로 디지털 공
간 속 '임마누엘의 실현'이다. 성육신적 현존은 세계화된 현실 속에서 경계를
넘어서는 선교적 실천으로 확장된다.

오늘의 교회는 하나의 지역 공동체를 넘어 다문화, 다세대, 다공간 교회
로 부름받았다. 그리스도의 성육신은 이스라엘이라는 특정 문화 속에서 일
어났지만, 그 의미는 모든 인류의 구속으로 확장되었다. 성육신의 신학은 본
질적으로 초문화적(transcultural)이며, 하나님의 임재는 언제나 '타자의 자리'
에서 드러난다. 교회는 이 타자의 공간, 곧 이주민, 난민, 청년, 노년, 디지털
세대의 삶 속으로 들어가 그들의 언어와 문화 속에서 하나님 나라의 복음을
다시 번역해야 한다. 이것이 오늘의 글로벌 성육신적 교회의 사명이다. 디지

털과 세계화가 결합된 시대의 복음 선교는 '보내는 선교'에서 '함께 거하는 선교'로 패러다임이 이동해야 한다. 그것은 프로그램에 머무르지 않는 삶의 태도, 전략이 아니라 관계의 지속성이다. 성육신의 하나님은 하늘에서 멀리서 말씀하지 않으시고, 우리의 언어와 몸을 입으셔서 가까이 말씀하셨다. 오늘의 교회는 디지털 공간의 임마누엘, 즉 "하나님이 온라인 속에서도 함께하신다"는 선교 신학적 선언을 실천해야 한다. 그것은 예배의 디지털 전환과 복음의 현존 방식을 새롭게 갱신하는 영적 혁명이다.

성육신적 현존의 핵심은 '함께 있음'이다. AI 시대, 교회는 여전히 인간의 얼굴을 가진 공동체여야 한다. 사람의 이름을 부르고, 목소리를 듣고, 상처를 돌보는 교회, 그 교회가 곧 디지털 시대의 성육신이다. 기술은 하나님 나라의 도구가 될 수 있지만, 사랑만이 그 나라의 본질을 드러낸다. 이것이 '온라인 공간의 임마누엘'이 지닌 21세기 교회의 선교 신학적 의미이다.[81]

하나님 나라를 위한 교회의 선교 방식, 성육신

성육신은 하나님의 선교가 세상 속에서 완성되는 방식이며, 동시에 하나님 나라 복음이 '존재로 선포됨'이다. 하나님은 말씀으로만 구원하지 않으시고, 인간의 역사 속으로 몸소 들어오셔서 사랑과 정의, 관계와 생명을 삶으로 선포하셨다. 성육신은 구속의 교리를 포함한 선교의 방식이며, 그 방식 속에 교회의 정체성과 사명이 모두 담겨 있다. 성경은 창조에서 새 창조에

---

81) Walter Brueggemann, *Theology of the Old Testament*, 712-715.

이르기까지 하나님이 세상 속으로 끊임없이 들어오시는 이야기다. 구약의 하나님은 백성 가운데 거하셨고, 신약의 하나님은 예수 그리스도로 우리와 함께하셨으며, 지금의 하나님은 성령 안에서 교회를 통해 세상 가운데 거하신다. 이 삼위일체적 현존은 'Missio Dei'의 실체이며, 성육신은 그 현존의 정점이다. 하나님이 인간의 몸을 입으심으로 세상은 하나님의 임재를 경험했고, 오늘의 교회를 '하나님의 몸'으로 존재하게 하는 근거가 되었다. 그리스도의 성육신은 모든 선교의 원형이며, 하나님의 선교는 그리스도의 삶 속에서 구체화되었다. 선교는 프로그램이나 전략을 뛰어넘는 삶의 형태다. 성육신은 그 형태를 보여주는 하나님의 실례이며, 교회의 존재는 그 형태를 계속 살아내는 역사적 현존이다. 예수의 삶이 복음의 내용이었다면, 교회의 존재는 복음의 연속이다. 복음은 말로 선포될 때 완성되지 않고, 삶으로 체현될 때 비로소 하나님 나라가 드러난다.

교회는 하나님 나라를 설명하는 기관에 그치지 않는 그 나라의 임재가 세상 속에 현존하는 자리이다. 또한 성육신은 하나님이 인간의 몸을 입으신 일로만 국한해서는 안 된다. 하나님의 정의와 평화가 세상 속에서 구체적으로 실현되는 역사적 과정이다. 교회는 복음을 '보내는 존재'임과 동시에 세상 속에 '머무는 존재'로 부름받았다. 성육신의 방식이 곧 교회의 존재 방식이며, 그 존재는 세상의 중심에서 주변으로 지배에서 섬김 속에서 드러난다. 성육신적 선교의 본질은 관계의 회복이다. 하나님은 인간과의 단절을 끝내고, 그 관계 속에 자신을 내어주심으로 구원을 완성하셨다. 교회의 선교는 관계의 재건이며, 복음의 목적은 구원을 넘어 하나님과, 이웃과, 세상과의 관계를 회복시키는 것이다. 하나님이 우리와 함께하신 임마누엘은 교회가 세상 속에서 '함께 거하는 존재'로 살아가야 할 이유를 제시한다.

현대선교신학의 주요 용어들 2

　하나님은 하늘에서 명령하지 않으시고, 사람의 몸을 입고 관계 속에서 말씀하셨다. 그 방식이 오늘의 교회가 세상 속에서 살아내야 할 복음의 방식이다. 교회가 그리스도의 비움과 참여를 따를 때, 그 존재는 하나님 나라의 가시적 증언이 된다. 오늘의 세상은 기술 발전과 세계화 속에서 점점 더 분절되고, 비인격화되고 있다. 그러나 복음은 언제나 관계의 형태로 존재해 왔다. AI 시대의 교회가 성육신의 방식을 회복한다는 것은, 복음을 다시 '사람의 얼굴'로 드러내는 일이다. 디지털 공간 속에서도, 다문화 사회 속에서도, 교회는 여전히 임마누엘의 현존으로 살아야 한다. 성육신은 모든 시대에 유효한 선교의 원리이며, 그 원리는 "함께 있음"으로 완성된다

　성육신은 하나님의 자기 계시이자, 그리스도의 선교 전략이며, 교회의 존재 이유이다. 결국, 성육신의 방식은 하나님 나라 복음의 중심이며, 그 나라는 언어로 선포되는 것을 넘어 사랑으로, 관계로, 존재로, 삶으로 선포된다. 성육신적 선교는 하나님 나라의 복음을 삶으로 번역하는 신학적 행위이며, 교회는 이 복음이 오늘의 역사 속에서 계속 이어지도록 하나님의 현존을 드러내는 살아 있는 성막이다. 이것이 바로 성육신의 방식으로 드러난 하나님 나라의 선교이다. 이 선교는 지금도, 그리고 앞으로도, 세상 속에서 계속되고 있다.

박한별 한국 월드비전 F&D 실장, 성결대학교 객원교수, 토론토 대학교 Ph. D. 수료

선교의 의미,
세상을 품은 복음을 전하다!
통전적 선교*

---

* 이 글은 박한별, "환대로서의 선교," 「성결교회와 신학」 50(2023), 141-156의 글을 수정·보완한 것이다.

이 장에서는 통전적 선교에 대해 논한다. 선교의 개념은 고정되어 있지 않고 항상 변화해 왔다. 오랫동안 선교는 언어를 통한 복음 전도 활동으로 이해되어 왔지만 20세기 중반 이후 새로운 이해가 필요한 상황에 이르렀다. 교회를 중심으로 이루어진 복음 전도 활동으로서의 선교가 수많은 부작용을 낳았기 때문이다. 이와 같은 시기에 등장한 하나님의 선교(*Missio Dei*) 개념의 영향으로 선교는 더 이상 복음 전도 활동에 국한되지 않고 사회적 책임을 감당하는 모든 종류의 활동으로 이해되기 시작했다. 그 결과, 오랫동안 복음주의 진영과 에큐메니컬 진영으로 나뉘어 논쟁을 벌였지만 합의하지 못했던 선교의 개념이 이른바 통전적 선교(holistic mission)라는 결과로 나타났다. 에큐메니컬 진영은 1968년 웁살라 대회로부터, 또한 복음주의 진영은 1974년 로잔 대회로부터 통전적 선교의 토대가 형성되고 그 이후로 발전되기 시작하는데 핵심은 복음 전도와 사회적 책임을 동시에 추구한다는 점이다. 확장된 개념으로서 통전적 선교는 수행 방식 역시 다양화되었다. 그 결과, 인간의 온전한 변화를 추구하고, 정의를 구현하는데 헌신하며, 하나님 나라 복음의 증인이 되도록 일상에서부터 선교를 실천하는 목표를 지닐 수 있게 되었다. 통전적 선교의 태동, 여정, 그리고 목표를 살펴봄으로써 얻게 되는 결론은 오늘날 우리에게 선교적 상상력(missional imagination)이 필요하다는 점이다. 복음을 세상으로부터 분리시키거나 대립시키지 않고 오히려 변하고 있는 현실에 주목하며 인간을 이해하고 사회를 변화시키려 할 때 진정으로 복음이 세상을 섬길 수 있기 때문이다.

통전적 선교의 태동

초기 기독교 시대로부터 꽤 오랫동안 선교는 복음 전도 활동과 동의어 또는 유의어로 여겨졌다. 즉, 선교가 언어를 통해 복음의 내용을 전달하는 행위와 크게 다르지 않았다는 것이다.[1] 구술적 선포로서의 선교는 주로 교회를 통해 이루어져 왔다. 새로운 지역에 교회가 세워짐으로써 복음은 전 세계 곳곳에 확산될 수 있었다. 그러나, 이와 같은 선교는 위기에 처하게 되었다. 왜냐하면 선교라는 명목 하에 교회가 폭력, 억압, 차별, 인권 유린 등을 자행하거나 동조해 왔다는 비판이 제기되었기 때문이다. 교회가 승리주의(triumphalism)를 추구하며 정복을 일삼던 모습을 보였기 때문에 교회를 통한 선교는 위축될 수밖에 없었고 심지어 "미션 모라토리엄"(mission moratorium), 즉 복음의 원활한 전파와 온전한 수용을 위한 선교 활동의 일시적 중단의 필요성이 제기되기도 했다.[2] 이는 결국 선교의 본질에 대한 논의를 불러일으켰다.

| 교회 중심 선교의 실패와 반성, 그리고 그 대안으로서의 하나님의 선교(*Missio Dei*)

선교의 본질에 관한 논의는 20세기 중반에 이르러 본격화되었다. 왜냐하면 서구 기독교 국가들에 의해 발발한 제2차 세계대전 때문에 기독교에

---

1) 안승오, "통전적 선교 신학의 태동 배경과 전망," 「복음과 선교」 15(2011), 165.

2) 변창욱, "미션 모라토리엄에 대한 이해와 오해: 존 가투(John Gatu) 제안의 역사적 배경을 중심으로," 「선교와 신학」 64(2024), 231-268.

현대선교신학의 주요 용어들 2

대한 신뢰가 급격히 무너졌기 때문이다. 전쟁 이후, 서구 기독교 국가들에 의해 지배를 받던 나라들이 각각 독립하며 종교를 구심점으로 삼아 국가의 기틀을 확립하려 했으나 이들은 기독교 외의 다른 종교를 선택했다. 자신들을 지배했던 국가의 종교를 선택하느니 차라리 과거의 민속종교 또는 전래 종교를 택하는 편이 낫겠다고 선언한 나라들도 있었다. 게다가, 선교 활동에 대한 방해와 탄압이 심해져 선교사들의 입국이 제한되기도 했고 심지어 강제로 추방되기까지 했다. 이와 같은 상황에서 선교를 여전히 물리적인 이동을 전제한 복음 전파 활동으로 이해하는 것은 선교 활동 자체가 불가능함을 인정하는 것과 다름없었다.[3]

기독교 선교를 이해하는 기존의 방식에 변화가 감지된 것은 1952년 7월 독일 빌링엔에서 개최된 국제선교협의회(International Missionary Council)에서 하나님의 선교라는 개념이 등장하면서부터이다. 보다 정확하게 말하자면, 독일 슈투트가르트 교구의 감독이었던 칼 하르텐슈타인(Karl Hartenstein)이 빌링엔에서의 선교 모임의 내용과 성과를 기록한 자료에 사용한 "*Missio Dei*"라는 라틴어 용어로부터이다.[4] 하르텐슈타인은 제2차 세계대전 이후 가장 큰 영향을 미쳤던 신정통주의 신학자 칼 바르트(Karl Barth)의 신학, 즉 하나님 중심의 신학 관점에서 기독교 선교를 새롭게 이해하고자 했다. 그에 따르면, 선교는 본질적으로 하나님이 하시는 일이다. 그렇기 때문에 우리는 그저 하나님이 주도하시는 선교에 참여할 뿐이다.[5] 이와 같은 하나님 중심의 관점은 우리 스스로 선교에 대한 동기를 만들어 부여할 수 없다는 것과 아

---

3) 박한별, "환대로서의 선교," 「성결교회와 신학」 50(2023), 142-143

4) John G. Flett, *The Witness of God: The Trinity, Missio Dei, Karl Barth, and the Nature of Christian Community*, (Grand Rapids: Eerdmans, 2010), 131.

무리 선한 일이라 할지라도 우리가 설정한 목표를 이루기 위해 선교를 동원해서는 안 된다는 것을 분명히 한다. 결국, 하르텐슈타인은 하나님의 선교라는 용어를 통해 선교의 근원, 중심, 그리고 주체가 곧 하나님이라는 점을 상기시킨 것이다.

또한, 하르텐슈타인은 교회가 그저 하나님의 일을 이루어 가는 도구에 불과하다는 확신 하에 교회를 중심으로 이루어지는 선교는 본질적으로 어긋난 것이라고 주장했다. 이와 같은 주장은 서구 교회가 스스로 세운 목표를 달성하기 위해 제국주의와 결탁하기를 망설이지 않았던 결과 수많은 살상, 폭력, 억압, 또는 인권 유린 등의 문제를 낳았던 사실에 근거한다. 즉, 하나님의 선교라는 용어는 서구 교회가 오랫동안 행해온 선교 활동을 윤리적 관점에서 비판적으로 평가하며 이를 더 이상 방관할 수 없음을 선언한 결과로 나온 것이다.[6]

요약하자면, 1952년 독일 빌링엔에서 고안된 하나님의 선교라는 개념은 19세기까지 교회를 중심으로 이루어진 선교에 대한 자성과 20세기 이르러 위축된 선교의 돌파구를 찾기 위한 일종의 대안으로 등장했던 것이다.[7]

주목할 만한 점은 하나님의 선교 개념의 등장으로 선교의 본질을 논하기 시작했다는 것이다. 그 결과, 선교는 하나님의 본성에 근거해야만 한다는 주장이 제기됐다. 그 주장의 핵심 근거는 성경에 기록된 선교의 본질이 하나님의 사랑이라는 점이었다. 빌링엔 국제선교협의회의 설명에 따르면, 인간을

---

5) Mee-Hyun Chung, "Missio Dei? The Meaning of Karl Barth's Theology for Missio Dei," *Korean Journal of Systematic Theology* 29(2011), 67-98; Mee-Hyun Chung, "Convergence and Divergence between Karl Barth and Karl Hartenstein," *Korean Journal of Systematic Theology* 33(2012), 349-386.

6) 박한별, "환대로서의 선교," 143.

향한 하나님의 무한한 사랑에서 비롯된 선교는 자신의 아들 예수 그리스도를 보내심으로 시작되었고 또한 보혜사 성령을 보내셔서 우리가 예수 그리스도의 증인들과 대사들로서 권능을 가지고 선교의 사명을 지속할 수 있도록 하셨다. 선교의 시작과 주체가 곧 하나님이라는 선언은 교회의 사명 역시 재정립하는데 영향을 미쳤다. 빌링엔 국제선교협의회에 따르면, 교회의 사명은 "세상의 모든 거주 지역"과 "모든 사회적, 정치적, 또는 종교적 공동체"를 향해 그리스도의 통치를 선포하는 것이다.[8] 간추리자면, 하나님의 선교 개념의 등장으로 선교의 본질이 더욱 선명해졌고, 이를 따라 교회의 역할도 새롭게 부여되었다.

백충현은 빌링엔 국제선교협의회의 의의와 성과를 분석하며 하나님의 선교 개념이 강조하는 바를 두 가지로 요약한다. 첫 번째는 문화에 대한 중요성이다. 빌링엔 국제선교협의회를 준비하는 과정이 기록된 북미보고서(the North American Report)의 제5장에 의하면 선교는 단지 개인을 구원하는 데 그치지 않고 "하나님께서 세상에서 행하셨고 또한 행하고 계신 것에 대한 응답"을 의미한다.[9] 선교가 개인의 영적 차원을 넘어 사회 전반에서의 변화를 꾀하는 창조적인 활동이라는 뜻이다.[10] 존 플렛(John G. Flett)은 교회와 문화의 관계에 대해 연구한 리처드 니버(H. Richard Niebuhr)의 『그리스도와 문화』(Christ and Culture)를 언급하며 북미보고서는 교회가 안전한 피난처를 떠나

---

7) Ibid., 142-143.

8) Norman Goodall, ed. *Missions under the Cross*, (London: Edinburgh House Press, 1953), 189.

9) Paul L. Lehmann, "The Missionary Obligation of the Church," *Theology Today* 9(1952), 20-38. 이 글은 벨링엔 국제선교협의회를 준비하며 작성된 북미보고서의 요약본이다.

10) Chun-Hyun Baik, "A Critical Analysis of the Concept of Missio Dei: Suggestions for a Trinitarian Understaning," *NZSTh* 63(2021), 334-339.

문화의 영역으로, 즉 각 개인의 살아가고 있는 구체적인 현실에 깊숙이 참여할 것을 권면하고 있다고 분석한다.[11] 선교의 범위를 문화로까지 확장하고자 하는 이와 같은 노력은 오늘날 선교적 교회(missional church) 담론 형성에 지대한 영향을 미쳤다.[12]

또한, 하나님의 선교 개념은 세상의 중요성을 강조한다. 이는 게오르그 프리드리히 비체돔(George F. Vicedom)에 의해 잘 설명된다. 1958년에 출판된 비체돔의 책 『하나님의 선교: 선교신학 입문』(The Mission of God: An Introduction to a Theology of Mission)에서 선교는 하나님이 세상과 관계를 맺는 방식으로 설명된다. 선교의 방식을 통해 하나님은 창조 세계와 대면하고 또 올바른 관계를 형성하여 "온 세상"과 "모든 사람"을 구원하려고 한다는 것이다.[13] 모든 사람을 구원하기 위해 하나님은 교회를 세상 속에 보내신다는 비체돔의 주장은 세상에 대한 긍정적 인식이 전제되어 있다. 즉, 세상은 우리가 피해야 할 곳이 아니라 가야 할 곳이라는 것이다.

요하네스 호켄다이크(Johanness C. Hoekendijk) 역시 세상이 선교의 현장으로서 얼마나 중요한지에 대해서 설명한다. 그는 자신의 책 『흩어지는 교회』(The Church Inside Out)에서 하나님의 선교는 더 많은 교회를 세우거나 교회의 영향력을 강화하려는 목적과는 거리가 멀다고 주장한다. 오히려, 이

---

11) Flett, *The Witness of God*, 141-142.

12) 박한별, "환대로서의 선교," 145. 레슬리 뉴비긴(J. E. Lesslie Newbegin)의 영향을 받아 형성된 선교적 교회 담론은 하나님의 선교 개념을 중심으로 선교의 영역을 확장시키는데 그 의의가 있다. 즉, 선교가 문화의 영역에까지 확장되어야 한다고 것이다. 이와 같은 맥락에서 선교를 새롭게 이해하려는 대표적인 학자로는 대럴 구더(Darrell L. Guder), 조지 헌스버거(George Hunsburger), 그리고 크레이그 반 겔더(Craig Van Gelder) 등을 들 수 있다.

13) George F. Vicedom, *The Mission of God: An Introduction to a Theology of Mission*, (Saint Louis: Concordia Publishing House, 1965), 33-37.

개념은 오랫동안 굳어져 있었던 이분법에 근거하여 교회의 대척점에 있다고 여겨졌던 세상을 긍정한다. 즉, "세상을 향한 하나님의 나라"(the Kingdom for the World)를 세우는 것이 교회의 목적이며 이는 근본적으로 샬롬(shalom)을 지향한다.[14] 백충현은 세상을 강조하는 하나님의 선교 개념의 등장으로 비로소 선교가 비인간화(dehumanization) 현상이 벌어지는 처절한 삶의 현장에까지 참여할 수 있게 되었다고 덧붙인다.[15]

| 선교적 상상을 통한 새로운 선교 방식의 모색

하나님의 선교 개념은 서구 교회가 지속해오던 교회 중심의 선교가 실패했음을 인정하며 등장했다. 이 개념의 등장은 과거에 대한 반성이자 미래에 대한 희망을 동시에 품은 새로운 선교적 상상력을 이끌어냈다. 특히, 데이비드 보쉬(David J. Bosch)의 상상은 주목할 만하다. 자신의 저작 『변화하고 있는 선교』(Transforming Mission)에서 보쉬는 빌링엔 국제선교협의회의 성과를 논하며 하나님의 선교 개념의 등장으로 "다시 교회 중심적인 좁은 견해로 되돌아가는 것을 상상할 수 없게 되었다"고 평가한다.[16] 즉, 교회로부터 하나님으로의 중심 이동을 통해 선교를 재정립하려는 노력 덕분에 선교를 새롭게 상상할 수 있게 되었다는 것이다.

하나님의 선교 개념에 뿌리내린 보쉬의 상상력은 우리로 하여금 선교

---

14) Johaness C. Hoekendijk, *The Church Inside Out*, trans., Issac C. Rottenberg (Philadelphia: The Westminster Press, 1966), 32.

15) Baik, "A Critical Analysis of the Concept of Missio Dei," 338.

16) 데이비드 J. 보쉬/김병길, 장훈태 공역, 『변화하고 있는 선교』 (서울: 기독교문서선교회, 2000), 581.

가 개인의 차원에 머물며 복음 전도의 활동으로 이해되지 않고 보다 거시적인 차원에서 정의의 추구(the Quest for Justice), 상황화(contextualization), 문화화(inculturation), 해방(liberation) 등으로도 이해될 수 있음을 깨닫게 한다.[17] 이는 빌링엔 선교대회가 의도한 바와 같이 보쉬가 "하나님의 선교가 더 이상 문화와 세상을 등한시하면 안 된다"는 입장을 적극적으로 받아들여 좀 더 구체적으로 세상에 참여하고자 자신의 선교적 상상력을 발휘하여 새로운 선교 방식을 고민해낸 결과이다.[18]

보쉬가 상상한 새로운 선교 방식은 하나님의 선교 개념이 지닌 핵심을 정확히 관통한다. 하나님의 선교 개념은 선교의 주체인 하나님뿐만 아니라 그로부터 보내심을 받은 교회 역시 정해진 테두리 안에 갇힐 수 없다는 점을 강조한다. 그렇기 때문에 더 이상 개인과 사회, 교회와 세상, 그리고 그리스도인과 비그리스도인 간의 관계를 이분법의 관점에서 서로 동떨어졌거나 적대적인 사이로 규정할 수 없다.[19] 보쉬가 설명하듯, 하나님의 선교 개념은 우리에게 끊임없이 경계를 옮기고, 새롭게 설정하며, 때로는 지워버리는 과정을 요구한다.[20] 그 결과, 둘 사이에 좁혀질 수 없다고 여겨졌던 간극을 해소하고 새로운 관계를 형성할 수 있는 가능성이 만들어진다.

이와같은 보쉬의 선교적 상상에 지대한 영향을 받은 에드워드 스미더(Edward L. Smither)는 하나님이 주도하시는 선교는 인간이 설정한 경계를 넘

---

17) 박한별, "환대로서의 선교," 146-147. 선교가 다양하게 정의 또는 수행될 수 있다는 보쉬의 선교적 상상을 확인하려면 다음을 참조하라. David J. Bosch, *Transforming Mission: Paradigm Shifts in Theology of Mission*, (Maryknoll, NY: Orbis Books, 1991), 389-510.

18) Ibid., 147.

19) Ibid., 147-148.

20) David J. Bosch, *Transforming Mission*, 511.

어 온 세상으로 그리고 모든 사람에게 이른다고 확신한다. 그는 시편 96편 3절 말씀을 인용하며 하나님의 선교가 지닌 경계 넘기(boundary crossing)의 특성을 다음과 같이 설명한다.

> 선교는 단일 문화에 대한 경험이 될 수 있을지 모르지만 성경은 "그의 영광을 백성들 가운데 그의 기이한 행적을 만민 가운데 선포하라"(시 96:3)고 권면한다. 즉, 하나님의 선교의 범위는 온 세상이며 모든 문화권에 속한 사람들을 그 대상으로 삼아야 한다.[21]

창세기에 기록된 아브라함의 예는 하나님의 선교가 갖는 경계 넘기의 특성을 구체적으로 보여준다. 스미더에 따르면, 하나님은 아브라함을 복음 그 자체(the Gospel itself)가 되게 하시고 또 그를 다른 민족에게 보내신 것은 하나님께서 다른 민족에게도 복을 전하기 위해서였다. 이와 같은 선교의 목적은 하나님께서 아브라함에게 수많은 경계를 넘도록 하셨기 때문에 달성될 수 있었다. 민족, 문화, 종교 등으로 갈라진 수많은 경계를 넘나들었던 아브라함의 노력이 곧 하나님의 선교가 지향하는 바라는 점을 상기시키며 스미더는 오늘날의 선교 역시 정치적, 사회적, 경제적, 그리고 문화적 경계 너머에 있는 세상과 사람들을 향해 나아가야 한다고 주장한다.[22]

하지만, 보쉬는 여전히 경계를 넘지 못하는 오늘날 선교의 현실을 직시한다. 특히, 보쉬는 선교를 수행하는 방식에 대한 의견 차이와 충돌, 그리고

---

21) Edward L. Smither, *Mission as Hospitality: Imitating the Hospitable God in Mission*, (Eugene, OR: Cascade Books, 2021), 3-4.

22) 박한별, "환대로서의 선교," 148.

대립에 주목한다. 이같은 현실은 선교의 목표, 즉 복음 선포와 사회적 책임 중 어떤 것이 더 중요하고 또 우선시되어야 하는지에 대한 생각의 차이에서 비롯된 것이다. 복음 선포와 사회적 책임을 구분 짓는 경계선의 한쪽에는 20세기 이후 변화된 상황을 고려하여 선교가 사회적 책임을 감당해야 한다고 주장하는 에큐메니컬 진영이 자리 잡았고 또 다른 한쪽에는 상황의 변화와 관계없이 초기 기독교 교회로부터 줄기차게 외쳐온 복음 전도 활동을 고수해야 한다고 주장하는 복음주의 진영이 구축되었다. 사실, 이 두 진영은 하나님의 선교 개념이 등장한 1952년 독일 빌링엔 국제선교협의회 개최 이전에도 선교의 핵심이 무엇인지에 대한 극명한 의견 차이와 충돌, 그리고 갈등을 초래해왔다. 보쉬는 두 진영 간의 갈등을 보며 다음과 같이 탄식한다.

> 너무나 자주 양측은 서로의 결점을 찾아내는 데 놀라울 정도로 너무 열심이고, 상대방의 극단성에 대한 새로운 '증거'가 있을 때마다 통쾌함을 감추지 못하고 기뻐했다. 의심할 여지도 없이 복음주의 측의 시각에서 에큐메니컬주의자들을 '해방주의,' '신마르크스주의,' '혁명적 이데올로기,' '성서의 권위를 배척하는 자' 등의 딱지를 붙여서 공격하며 몰아붙이는 것은 너무나 쉬운 일이었을 것이다. 또한 에큐메니컬 측이 그들의 입장에서 복음주의자들을 '고집쟁이,' '보수주의,' '한쪽으로 치우친 자,' '착취자의 편,' '인간에게 필요한 것을 외면하는 자' 등으로 비난하는 것도 역시 쉬울 것이다.[23]

오랜 다툼 끝에 양 진영 간의 갈등을 최소화하고 각자의 신학적 장점을

---

23) David J. Bosch, *Witness to the World*, (Eugene, OR: Wipf & Stock Publishers, 1980), 40; 안승오, "통전적 선교신학의 태동 배경과 전망," 「복음과 선교」 15(2011), 175-176에서 재인용.

최대한 살리자는 취지에서 도출된 대안 중 하나가 바로 통전적 선교(holistic mission)이다. 복음주의 진영이 최우선시하는 복음 전도와 에큐메니컬 진영이 추구하는 사회적 책임 모두의 중요성을 인정하고 함께 추구하자는 차원에서 새로운 선교의 방식이 고안된 것이다.[24]

김명용은 통전적 선교의 특징을 2가지로 요약하여 설명한다. 첫 번째 특징은 양 진영이 각기 지닌 장점을 모두 흡수하여 균형적이라는 점이다. 김명용에 따르면, 통전적 선교는 "복음적이고 에큐메니컬적 신학 전통"에 서 있기 때문에 "급진적이지 않고 온건하고 편파적이지 않고 공동의 선을 추구하고 시류에 흔들리지 않고 전통과 오늘의 상황을 가능한 한 잘 화합하고 조화시키려는 경향"을 지닌다.[25] 이와 같은 경향은 선교의 본질을 분명히 하고자 오랫동안 굳어 있었던 경계를 넘는 데 선교적 상상력을 발휘한 끝에 얻은 값진 결과였다.

두 번째 특징은 포괄적이라는 점이다. 선교는 예수님의 대위임령을 따르고자 하는 초기 기독교 교회의 복음 전도 활동으로부터 본격화되었지만 개인의 영혼 구원을 우선시하기 때문에 상대적으로 사회 참여와 윤리적 책임 등에는 소홀했던 것이 사실이다. 그러나, 두 진영 모두 통전적인 방식으로 선교하는 데 동의할 수 있었던 것은 선교의 초점이 개인을 넘어 사회로, 그리고 영혼 구원의 목적과 함께 사회적 책임까지도 감당하려는 방향으로 재설정해야 할 필요성을 통감했기 때문이다. 안승오는 복음주의자의 관점에서 통전적 선교의 포괄적 특성을 다음과 같이 설명한다.

---

24) 안승오, "통전적 선교신학의 태동 배경과 전망," 177; 김영동, "전도와 사회봉사," 「선교와 신학」 7(2001), 139.

25) 김명용, 『이 시대의 바른 기독교 사상』 (서울: 장로회신학대학교 출판부, 2001), 167-168.

에큐메니컬 진영이야 본래부터 위의 문제들에 대하여 깊은 관심을 가졌지만 복음주의 진영의 경우에는 아무래도 복음 전도에 우선순위를 두었기에 위의 문제들에 대해서는 다소 관심이 약했던 것이 사실이다. 이런 이유로 전통적인 선교는 개인과 개교회에 많은 강점을 두는 반면, 세상 속에서 빛을 발하는 데 다소 약한 면이 있었고, 그리스도의 모범을 교회 내로 제한하여 교회와 세상을 이원적으로 볼 수 있는 약점이 내재된 것이 사실이다. 그러나 통전적 선교 신학의 영향으로 복음주의 진영도 점차적으로 사회 참여와 윤리적 책임 등에 대하여 눈을 뜨게 되면서 이 부분을 선교의 중요한 부분으로 인식하게 된 점은 통전적 신학의 강점이며 기여점이라고 여겨진다.[26]

통전적 선교의 여정

복음 전도를 통한 개인의 영혼 구원과 그를 둘러싼 사회적 환경의 변화 중 어떤 것이 더 우선할까? 이 질문에 대한 논의는 지난 100년간 기독교 선교의 논의에서 가장 큰 화두 중 하나였다. 하나님의 선교 개념이 등장한 이후 복음 전도와 사회 변화의 최우선성을 각각 주장하는 복음주의 진영과 에큐메니컬 진영은 통전적 선교라는 새로운 방식을 통해 서로가 이루고자 하는 목적 모두를 이룰 수 있음을 인정하게 되었다. 그러나, 20세기 중반 이후 기독교에 대한 신뢰도가 급격히 하락하고 이에 따라 선교 활동이 상당히 위축된 상황에서 제기된 현실적 필요 때문에 이와 같은 인정이 이루어진 것은 결코 아니었다. 이는 선교의 본질에 대한 충분한 고민 끝에 도출된 결과

---

26) 안승오, "통전적 선교신학의 태동 배경과 전망," 178.

이자 대안이었다.

　이제 통전적 선교 개념의 태동 이후 어떠한 과정을 겪으며 복음주의 진영과 에큐메니컬 진영이 통전적 선교의 목적과 방식에 동의하게 되었는지를 알아보고자 한다. 주목할 점은 이러한 여정을 복음주의 진영에서의 논의로부터 시작하려는 필자의 의도이다. 그 이유는 많은 독자가 복음주의 진영에 서 있거나 또는 복음주의자가 주장하는 바에 좀 더 친숙하기 때문이다. 그러나, 친숙함 때문에 논의를 복음주의 진영으로부터 시작하려는 것만은 아니다. 익숙한 곳에 서서 익숙하지 않은 것, 즉 통전적 선교의 개념, 목적, 그리고 방법 등을 이해하려고 노력함으로써 유의미한 인식의 전환을 꾀할 수 있다는 판단 때문이다.

| 두 진영 간의 대립과 갈등, 그리고 대반전의 시작

　"불신자들로 하여금 하나님 나라의 복음을 받아들이게 하고, 예수 그리스도를 인격적인 구원자요 주님으로 믿게 하고 그분의 새로운 구속의 공동체에 들어오게 하는 것을 주된 목적으로 삼는 일련의 행위"로서 복음 전도 활동은 오랫동안 그리스도인들에게 가장 중요한 삶의 목표이자 사명이었다.[27] 이와 같이 복음 전도의 최우선성을 주장해 온 로날드 사이더(Ronald J. Sider)는 복음주의 진영의 리더였지만 사회적 책임의 중요성을 인식하며 복음 전도와 사회 변화를 동시에 추구해야 한다고 주장하기에 이르렀다. 즉, 통전적 선교의 중요성과 필요성을 인정하고 수용했던 것이다. 어떤 이유에

---

27) 로날드 J. 사이더/이상원, 박현국 공역, 『복음전도와 사회운동: 총체적 복음을 위한 선행 신학』(서울: CLC, 1993), 261.

서일까?

　본래, 사이더는 복음 전도의 특성을 명확히 함으로써 사회 변화를 강조하는 에큐메니컬 진영을 비판하고자 했다. 그에 따르면 복음 전도의 특성은 다음과 같다.

　첫째, 복음 전도의 대상은 사람이다. 사이더는 "성경적 신앙의 핵심에 자리하고 있는 근본적 진리는 하나님이 모든 사람으로 하여금 그리스도의 초대에 반응하도록 부르신다는 것이다. 복음 전도란 사회 구조에 전하는 것이 아니라 오직 사람들에게 전하는 것이다. 오직 사람만이 그리스도의 제자가 될 수 있기 때문"이라고 말하며 복음 전도의 대상을 구체화했다.[28] 이는 오직 사람만이 하나님께로부터 소명을 받을 수 있을 뿐만 아니라 그 부르심에 응답할 수 있다는 생각에서 비롯된 것이다.

　둘째, 복음 전도의 결과는 그리스도의 영접이다. 사이더는 복음 전도와 사회 운동을 정확하게 분리하기는 어렵지만 어느 정도 구분할 필요가 있다고 주장한다. 각자 지닌 장점과 역할, 그에 따른 결과가 서로 다르기 때문이다. 사이더는 더 깨끗한 품질, 더욱 강한 민주주의, 혹은 더 정의로운 경제 체제 확립 등을 이끌어내어 우리의 삶의 질을 높이는 것 역시 가치 있는 일이라는 점을 인정하면서도 죄를 용서받고 예수 그리스도와 개인적인 관계를 맺으며 이로 인해 기뻐하고, 또한 부활하신 주의 임재 안에서 영원토록 사는 길을 걷고 있음을 아는 것과는 확연히 다르다고 주장한다.[29] 이와 같은 구분은 결국 복음 전도 활동이 만들어내는 결과가 얼마나 값진 것인가를 드러내기 위한 것이다.

---

28) Ibid., 256.

29) Ibid., 257.

셋째, 복음 전도의 목적은 비그리스도인들의 회심 또는 개종이다. '전도하다(evangelize)'라는 단어는 복음(gospel)이라는 또 다른 단어의 동사 형태로서 '나누다(share)' 또는 '전파하다(preach)'를 뜻한다. 즉, 언어를 통해 복음의 내용을 전하는 것을 복음 전도라고 부른다. 어떠한 내용을 구술의 방식으로 전달하는 것은 결국 그 내용을 듣는 사람의 변화를 꾀하는 데 목적을 둔다. 쉽게 말하면, 복음 전도의 목적은 회심 또는 개종이라는 것이다. 사이더는 복음 전도가 인식의 전환뿐 아니라 존재의 변화와 같은 근본적인 결과를 만들어낼 수 있기 때문에 사람들의 사회적, 경제적, 또는 정치적 행복의 증진에 목적을 두는 사회적 행위에 우선한다고 주장한다.

넷째, 복음 전도의 방법은 구술적 선포이다. 위에서 설명한 바와 같이 복음 전도는 언어를 통해 다른 사람에게 복음의 내용을 전달하는 것이다. 사회 운동과는 달리 복음 전도는 특정한 내용, 즉 예수 그리스도의 죽으심과 부활하심을 선포하지 않고는 불가능하다.

사이더는 위의 4가지 특성을 제시하며 복음 전도의 중요성과 차별성을 강조했으나 때로는 복음 전도와 사회 변화를 명확하게 구분되지 않을 때가 있고 때로는 서로 밀접하게 연관되어 있음을 발견하게 된다고 고백한다. 결국, 그는 복음주의자의 관점에서 어떻게 복음 전도 활동이 사회 변혁을 추구하는 행위와 긴밀하게 연결될 수 있는지 연구하기 시작한다.[30] 먼저, 사이

30) 복음주의 진영의 또 다른 리더인 존 스토트는 로날드 사이더의 관점에 많은 부분 동의를 하면서도 복음 전도의 우선성을 논리적 차원에서만이 아니라 현실적 차원에서도 상황에 맞게 주장해야 한다고 말한다. 즉, 두 사역의 양극화(polarization)는 거부되어야 하지만 전문화(specialization)는 수용되어야 한다는 것이다. 또한, 데스나오 야마모리(Tetsunao Yamamori)는 "공생 사역(symbiotic ministry)"이라는 용어로 통전적 사역을 지칭하며 이는 "상이한 두 유기체가 서로에게 유익을 베풀며 조화롭게 함께 사는 것"과 같다고 설명한다. 자연 속 공생의 관계처럼 복음 전도와 사회적 책임이 비록 기능상으로는 분리될 수 있으나 선교에 있어서는 둘 다 필수적이라는 의미이다. 보다 구체적인 내용을 위해서는 다음을 참고하라. John Stott, *Christian Mission in the Modern World* (Downers Grove: IVP, 1975), 44-45; Tetsunao Yamamori, *Penetrating Mission's Final Frontier* (IL: IVP, 1993), 127-138.

더는 요한복음 20장 21절을 재해석하며 예수 그리스도의 사역이 복음 전도를 위한 활동에 국한되지 않고 사회적 책임까지 포괄하고 있음을 발견한다. 전도와 치유 모두를 행하신 예수 그리스도의 사역을 살펴보며 사이더는 우리의 사명은 이와 같이 "교회가 세상 속에서 행해야 할 모든 것을 지칭"한다고 주장한다. 또한, 만일 우리가 예수와 동일한 방식으로 보냄을 받았다면 세상 속에서 우리의 사명은 복음 전도와 사회적 책임 모두를 포함해야 한다고 강조한다.[31]

사이더가 발견했듯이 예수 그리스도의 사역은 3가지 요소의 결합이다. 첫째, 말씀 선포(kerygma), 즉 하나님의 나라가 임박했기 때문에 죄인 된 우리는 반드시 회개해야 한다는 복음 메시지를 다른 사람들에게 전달하는 것이다. 둘째는 가르침(didache)의 사역이다. 이는 하나님 나라의 윤리와 가치관을 각 개인 또는 공동체에 전수하여 실제적인 삶의 변화를 이끌어내는 제자도의 사역을 뜻한다. 마지막은 치유 및 봉사(diakonia), 즉 섬김의 사역이다. 마태복음 4장 23절이 예수의 사역을 묘사하며 선교는 곧 복음 전파와 함께 병들고 약한 자들을 고치는 치유의 사역이 이루어져야 함을 보여준다.[32] 누가복음 4장 18-19절 역시 예수의 사역이 복음 전도와 사회적 책임 모두를 포함하고 있음을 보다 선명하게 드러낸다.[33] 김수미에 의하면, 누가복음에 기록된 예수의 사역은 가난한 자에게 복음을 전하는 "선포의 사역"만이 아니라 포로된 자와 눌린 자를 자유롭게 하는 "사회 정의를 이루는 사

---

31) Ibid., 264.

32) "예수께서 온 갈릴리에 두루 다니사 저희 회당에서 가르치시며 천국 복음을 전파하시며 백성 중에 모든 병과 모든 약한 것을 고치시니"(마 4:23)

33) "주의 성령이 내게 임하셨으니 이는 가난한 자에게 복음을 전하게 하시려고 내게 기름을 부으시고 나를 보내사 포로된 자에게 자유를, 눈 먼 자에게 다시 보게 함을 전파하며 눌린 자를 자유롭게 하고 주의 은혜의 해를 전파하게 하려 하심이라 하였더라"(눅 4:18-19)

현대선교신학의 주요 용어들 2

역," 그리고 눈먼 자의 눈을 뜨게 하는 "섬김의 사역"이 균형을 이루고 있다고 설명한다.[34]

인간의 영적인 삶이 정신적, 육체적, 사회적 조건 등 인간의 모든 조건에 뿌리 내리고 또 서로 긴밀하게 연결되어 있기 때문에 사역의 균형은 반드시 필요하다. 오늘날의 선교가 복음 전도만이 아니라 사회 변화를 위해서도 애써야 하는 이유이다.

결국, 사이더는 복음 전도와 사회운동의 상호 연관성을 인정하며 두 가지 모두를 포괄하는 개념으로서의 선교, 즉 통전적 선교의 개념을 수용한다. 이는 그가 주도적으로 참여했던 복음 전도와 사회적 책임의 관계에 대한 회담 보고서의 내용을 통해 증명된다. 보고서를 통해 사이더는 다음과 같이 고백한다.

> 복음 전도는 본질적으로 사회적 목적을 가지고 있지 않을지라도, 그럼에도 불구하고 사회적 차원을 가지며, 동시에 사회적 책임은 비록 그것은 본질적으로 복음 전도의 목적을 가지고 있지 않지만, 그럼에도 불구하고 복음 전도의 차원을 가진다.[35]

이와 같은 사이더의 고백은 복음 전도와 사회 변화가 "별개의 것이나 동등"하게 보일 만큼 서로 연관성이 깊다는 점을 강조한다.[36]

---

34) 김수미, "통전적 선교: 복음 선포와 증명의 조화," 「복음과 선교」 29(2015), 15.

35) John Stott, ed., *Evangelism and Social Responsibility: An Evangelical Commitment*, (LCWE and WEF, 1982), 24; 로날드 J. 사이더/이상원, 박현국 공역, 『복음전도와 사회운동』, 264에서 재인용.

36) 로날드 J. 사이더/한화룡 역, 『복음 전도, 구원, 사회 정의』 (서울: IVP, 1987), 34-40.

사이더가 말한 바와 같이 복음 전도 활동과 사회 변혁 운동은 오늘날의 선교가 예수 그리스도의 사역처럼 온전해지기 위해서는 서로를 필요로 한다. 즉, 사회적 책임을 통해 예수 그리스도의 사랑을 표현하지 않는 복음 전도는 "허공에 울리는 꽹과리에 지나지 않으며" 복음 전도가 없이 사회적 책임만을 강조하는 선교는 "휴머니즘적인 사회봉사에 불과"하기 때문이다.[37] 말과 행동, 두 가지의 방식 모두 예수 그리스도의 사랑을 표현하고 전달할 수 있기 때문에 복음주의 진영과 에큐메니컬 진영의 합의점을 찾아낼 수 있었다.

복음주의 진영에서 사이더만이 통전적 선교의 개념을 수용하고 그 실천을 주장했던 것은 아니다. 복음주의 진영의 또 다른 리더인 존 스토트(John Stott) 역시 복음 전도 중심의 선교로부터 통전적 선교로의 전환을 주장했다. 사이더처럼 스토트 역시 신약 성경 속 예수 그리스도의 균형적 사역을 본받아 오늘날 우리의 선교도 복음 전도와 사회적 책임 모두를 수행할 수 있어야 한다고 말했다. 특히, 스토트는 선한 사마리아인의 비유(눅 10:30-37)를 언급하며 강도 만난 사람에게 당장 필요한 것은 전도지를 주머니에 넣어 주는 것이 아니라 기름을 발라주고 상처를 싸매 주는 것이라고 설명한다.[38] 또한, 배고픈 사람에게는 들을 귀가 없는 현실을 여실히 드러내며 탕자의 비유(눅 15:11-32)가 주는 교훈과 같이 배가 고픈 이에게는 복음을 전할 것이 아니라 먹을 것을 먼저 주어야 한다고 주장한다.[39] 이와 같은 스토트의 성경 해석

---

37) Ibid.

38) John Stott, *The Contemporary Christian: Applying God's word to today's world*, (Downers Grove, IVP:1992), 439-440.

39) Ibid., 442.

현대선교신학의 주요 용어들 2

과 현실에의 적용은 선교에 대한 새로운 이해를 가능하게 했다. 1966년 베를린에서 열린 복음주의 진영의 선교대회에서만 하더라도 스토트는 선교를 절대적으로 대위임령에 근거해서 전도라는 관점으로만 이해했고 따라서 선교를 복음의 선포와 회심, 그리고 개종의 목적으로 수행해야 한다고 주장한 바 있다. 그러나, 1974년 스위스 로잔에서 열린 또 다른 선교대회에서 스토트는 '전도(evangelism)의 성경적 근거'라는 기념비적인 강연을 통해 그는 교회의 선교(the mission of the church)는 하나님의 선교(the mission of God)에 근거하기 때문에 예수 그리스도의 성육신적 모델을 따라 복음 전도와 사회적 책임 모두를 추구, 즉 통전적 사역을 추구해야 한다고 주장했다.[40]

| 통전적 선교는 어떻게 복음주의 진영과 에큐메니컬 진영에서 각각 논의 되었는가?

지금까지 복음주의 진영의 리더들이 어떠한 이유로, 그리고 어떠한 과정을 겪으며 더 이상 선교를 복음 전도 활동에 국한시키지 않아야 하며 사회 안에서 일어나는 문제에 관심을 갖고 그에 대한 책임을 다하는 것 역시 선교의 중요한 역할임을 주장하기에 이르렀는지를 살펴보았다. 그러나, 자칫 몇몇 복음주의자들의 개인적 변화를 일반화하는 오류를 범하지 않기 위해 복음주의 진영과 에큐메니컬 진영이 각각 어떻게 통전적 선교의 중요성과 필요성을 인식하고 이를 수행하기로 선언했는지를 간략하게 살펴보고자 한다. 이를 통해 약 100년에 걸친 논의의 과정을 거쳐 오늘날 우리의 선교는

---

40) 김수미, "통전적 선교," 18.

통전성을 지향해야 한다는 점을 다시 한번 확인하고자 한다.

하나님의 선교 개념을 먼저 수용하여 통전적 선교로의 전환을 시도한 것은 에큐메니컬 진영이었다. 에큐메니컬 진영은 제2차 세계대전의 영향으로 기존 선교의 방식을 비판적으로 평가하고 반성하며 1968년 웁살라 대회에서 선교의 목표를 복음화에서 '인간화'로 재설정했고, 이후 1973년 방콕 대회에서는 선교의 핵심 내용인 구원의 개념을 개인의 영혼 구원에서 '오늘의 구원(Salvation Today)'으로 재정립했다. 이는 선교를 단순한 교회 확장이 아닌 하나님의 일로 이해할 것을 제안한 하나님의 선교 개념이 구체적으로 적용된 것으로 볼 수 있다. 우리의 삶의 현장에서 맞닥뜨리는 가난, 억압, 불의 등에 맞서 싸우는 모든 노력 역시 선교에 포함시켰다는 점이 그 근거이다. 이처럼 통전적 선교의 토대가 형성된 후 2022년 독일 칼스루에 총회에서 선교의 범위는 회개, 화해, 정의, 섬김, 창조 세계의 회복 등으로까지 더욱 확장되었다.

에큐메니컬 진영에서의 통전적 선교는 근본적으로 인간에 대한 통전적 이해를 기반으로 한다. 인간은 영적인 존재인 동시에 육체적·사회적·경제적·정치적·문화적 등의 존재이기도 하다. 그러므로 선교의 근본적인 목적, 즉 구원 역시 이와 같은 통전적 개념으로서의 이해를 요구한다. 오경환에 의하면, 에큐메니컬 진영이 추구하는 구원은 개인과 사회 모두를 새롭게 하는 일로서 가히 통전적인 개념이다. 그에 따르면,

이는 전통적 구원 개념을 넘어선 포괄적 구원으로, 영혼 구원을 넘어 육신의 구원, 개인 구원을 넘어 사회 구원까지 포함한다. 이와 같은 구원 이해의 특징으로 전통적인 선교가 주로 예수 그리스도를 믿는 믿음을 통해 개인의 영혼

   현대선교신학의 주요 용어들 2

구원에 초점을 맞추었다면 에큐메니컬 선교는 인간을 억압하는 모든 것에 대항하며 투쟁을 통해 해방을 이루는 데 더 큰 관심을 둔다.[41]

안승오 역시 에큐메니컬 진영에서의 구원 개념이 통전적인 인간 이해를 기반으로 형성된 것임을 인정하며 "한쪽으로 치우치기 쉬운 선교에 균형감을 갖도록 도전하고, 윤리적 과제를 선교적 개념에 포함시킴으로써 창조 세계를 아름답게 가꾸는 책임을 소중하게 여기도록 한 기여점이 있다"고 평가한다.[42]

이와 같은 에큐메니컬 진영에서의 논의는 복음주의 진영에 지대한 영향을 미쳤다. 그러나 그 영향이 처음부터 긍정적인 변화를 가져온 것은 아니다. 복음 전도에 있어서의 사회적 책임의 강조가 얼마나 필수적이며 전통적 선교의 방식을 통전적으로 전환하고자 하는 노력이 얼마나 중요한지에 대한 에큐메니컬 진영에서의 논의가 무르익어 주목할 만한 결과를 만들어내자 복음주의자들은 자신들의 선교 신학을 보다 정교하게 정립하여 이에 대항하고자 했다. 이들의 노력은 당연히 복음 전도의 중요성을 고수하는 데 집중되었다.[43] 그러나, 1974년 스위스 로잔에서 열린 선교대회에서 사이더나 스토트와 같은 복음주의자들은 자신들의 진영과 에큐메니컬 진영 모두 '선교'라는 용어를 사용하고 있고 지향하는 목표 역시 상당 부분 공통점을 지니고 있음을 발견하며 자신들이 고수해 온 선교의 개념과 방식에 변화를 가

---

41) 김서영·김신구·박종현 외 3인, 『현대선교신학의 주요 용어들』 (서울: 플랜터스, 2025), 26.

42) 안승오, 『로잔운동의 좌표와 전망』 (서울: CLC, 2023), 47-48.

43) 안승오, "통전적 선교신학의 태동 배경과 전망," 170.

하기 시작했다. 물론, 이러한 변화는 복음주의 진영 내부에서도 첨예한 의견 대립을 낳았다. 사회적 책임의 중요성을 인정한다 하더라도 선교는 결코 전도의 긴급성과 우선성으로부터 멀어질 수 없다는 보수적인 복음주의자들 때문이었다.[44)]

그럼에도 불구하고 선교에 대한 통전적 접근은 약 400여명이 자발적으로 모여 형성한 소위 급진적 제자도(radical discipleship) 모임에 의해 강력하게 추진되었다. 급진적 제자도 모임에 속한 복음주의자들은 에큐메니컬 진영의 사람들처럼 기존의 교회 중심의 선교가 낳은 도덕적 실패를 인정하며 사회적 책임 역시 그리스도인의 중요한 부분임을 선언한다. 그 결과, 15개 조항으로 구성된 로잔 언약(Lausanne Covenant)은 발표된다. 이 선언문의 핵심은 다음과 같다.

> 구원의 메시지는 모든 소외와 압박과 차별에 대한 심판의 메시지를 내포한다... 따라서 그들은 불의한 세상 속에서 하나님 나라의 의를 전파하기에 힘써야 한다. 우리가 주장하는 구원은 우리를 변화시켜, 개인적 책임과 사회적 책임을 총체적으로 수행하게 해야 한다. 행함이 없는 믿음은 죽은 믿음이다.[45)]

안승오는 위에서 언급한 복음주의자들의 고백을 에큐메니컬 진영의 선교에의 완전한 동의로 볼 수는 없다고 주장한다. 그는 로잔 언약 6항-"교회가 희생적으로 해야 할 일 중에서 전도는 최우선적인 것이다"-의 내용과 9항-"목표는 가능한 모든 수단을 동원하여 되도록 빠른 시일 안에 한 사람도

---

44) 박보경, "로잔운동에 나타난 전도와 사회적 책임의 관계," 「복음과 선교」 22(2013), 12.

45) C. Rene Padilla, "로잔 언약" in *Mission Integral*, 홍인식 역, 『통전적 선교』 (서울: 나눔사, 1994), 254.

현대선교신학의 주요 용어들 2

빠짐없이 좋은 소식을 듣고, 깨닫고, 받아들이게 할 기회를 제공하는 일이다"-의 내용을 밝히며 복음주의자들이 여전히 복음 전도의 최우선성을 고수하고 있음을 분명히 한다.[46] 그러나, 복음 전도만을 고수하던 이들이 사회적 책임의 중요성과 필요성을 깨닫고 이를 언급하게 된 점을 과소평가할 수는 없다. 복음주의자들이 본래 자신들이 가진 선교의 범위를 넓혔을 뿐만 아니라 선교의 수행 방식 역시 다양화했다는 점은 분명 유의미한 변화이기 때문이다.

1974년에 맞이한 복음주의 진영에서의 변화는 1989년 마닐라에서 열린 제2차 로잔대회에서도 이어진다. 21개 항목의 신앙고백을 담은 마닐라 선언문은 로잔 언약처럼 복음 전도와 사회적 책임의 중요성 모두 인정했고 이는 특히 제4항에서 '온전한 복음'이 무엇인지를 설명하는 부분을 통해 확인된다.

예수께서도 하나님의 나라를 선포하셨을 뿐만 아니라 하나님의 나라의 도래를 자비와 능력의 역사로 보여주셨다. 오늘 우리도 이와 같이 겸손한 마음으로, 말씀을 전파하고 가르치며, 병자를 돌보며 굶주린 자에게 먹을 것을 주고, 갇힌 자들을 살피며, 억울한 자와 장애인을 도와주며, 억압당하는 자들을 구하는 일을 해야 한다. 영적인 은사가 다양하고 소명과 상황이 다르더라도 복된 소식과 선한 행위는 분리할 수 없음을 믿는다.[47]

---

46) 안승오는 1974년 로잔대회에서 복음주의자들이 사회적 책임의 중요성을 깨닫게 된 점은 동의하지만 이들이 여전히 복음 전도의 최우선성을 주장한다는 의견을 굽히지 않는다. 이에 대한 근거로 안승오는 복음주의자들이 에큐메니컬 진영의 구원 개념이나 인간화 개념을 수용하지 않는다는 점을 든다. 더 자세한 점은 다음을 참고하라. 안승오, "통전적 선교신학의 태동 배경과 전망," 172.

47) C. Rene Padilla, "마닐라 선언문," 264.

이와 같은 마닐라 선언문의 내용은 복음주의자들이 자신들의 복음 전도 활동의 대상으로 삼은 이들의 현실적 문제를 등한시하지 않고 그들의 비애와 고통을 공감하며 정의를 위한 투쟁에 동참할 것을 호소하는 등 복음 전도와 사회적 책임을 모두 수행할 수 있는 선교의 방법에 대해 활발히 논의했음을 보여준다.

복음 전도와 사회적 책임을 동시에 강조하는 제2차 로잔대회의 정신은 2010년 10월 남아프리카공화국 케이프타운에서 열린 제3차 로잔대회에서도 이어졌다. 특히, '통전적 선교'라는 용어를 드디어 공식적으로 사용하게 되었다는 점에서 이전의 두 대회와의 차별성을 갖는다. 케이프타운 선언문 10조 C항은 통전적 선교를 "복음의 선포와 복음의 증명"이라고 규정하며 이는 하나님께서 세상을 사랑하고 섬기기 위해 그리스도에 이어 우리를 보내신 바와 같이 "우리의 모든 선교는 복음 전도와 세상으로의 참여가 통합된 형태를 반영"하여 구체적으로는 7조 C항에 나타난 바와 같이 "소외되고 억압받는 자들을 대신하는 연대성과 옹호를 포함하여 정의를 촉진"하는 모든 노력과 헌신을 의미한다고 기록한다.[48] 이는 분명 복음이 다양한 차원에서 보다 새로운 방식으로 전달될 수 있음을 역설한 것으로 해석할 수 있다.

통전적 선교의 목표

통전적 선교의 목표는 3가지로 압축할 수 있다. 이는 복음주의 진영과

---

48) Lousanne Movement, "케이프타운 서약," accessed 17 November 2025, https://lausanne.org/ko/statement/ctcommitment-ko

에큐메니컬 진영이 모두 오랜 논의를 통해 공통적으로 도출한 내용이다. 특히, 2010년 남아프리카공화국 케이프타운에서 열린 제3차 로잔대회의 선언문의 내용은 통전적 선교의 목표가 오랫동안 사회적 책임보다 복음 전도의 우선성을 강조하던 복음주의 진영에서도 구체화되었음을 보여준다. 그 내용은 다음과 같다.

> 모든 선교의 근원은 성경에 계시된 것처럼 하나님이 온 세상의 구속을 위해 그리스도 안에서 행하신 일이다. 우리의 복음 전도의 과제는 그 좋은 소식을 모든 나라들에 알리는 것이다. 우리의 모든 선교가 이루어지는 장소는 우리가 살아가는 세상, 곧 죄와 고통과 불의와 창조 질서의 왜곡으로 가득한 세상이며, 이런 세상으로 하나님은 그리스도를 대신해 사랑하고 섬기도록 우리를 보내신다. 그러므로 우리는 모든 선교에서 복음 전도와 세상에서의 헌신적인 참여가 통합되어야 하며, 이 둘은 모두 하나님의 복음에 관한 성경 전체가 계시하고 명령하고 주도하는 일이다.[49]

| 첫 번째 목표: 인간의 온전한 변화

통전적 선교의 첫 번째 목표는 인간의 온전한 변화이다. 복음 전도의 중요성을 강조하는 입장에서 인간의 변화는 죄의 용서로만 설명된다. 이들의 주요 논리는 기독교의 기본 전제가 죄인인 인간은 스스로를 구원할 수 없기

---

49) Lousanne Movement, "케이프타운 서약," accessed 17 November 2025, https://lausanne.org/ko/statement/ctcommitment-ko

때문에 반드시 구원자(Χριστο)가 필요하며, 이는 하나님의 아들 예수 그리스도를 통해서만 성취될 수 있다는 것이다. 이는 "믿음으로 의롭다 하심을 받음"(롬 5:1)을 의미하는 칭의(justification), 그리고 그 이후 죄인에서 의인으로 거듭나는 중생(regeneration)의 용어로 표현되곤 한다.[50] 그러나, 죄의 용서, 즉 영적인 차원에서의 변화로만 복음이 우리에게 미친 영향을 설명하기에는 턱없이 부족하다. 복음은 단지 영적인 차원에서만 그 능력을 발휘하는 것이 아닐 뿐만 아니라 정치적·경제적·사회적·문화적·관계적 등 다양한 차원에서 우리를 변화시키기 때문이다.

통전적 선교는 인간의 영적 변화만이 아니라 다차원적 변화를 추구한다. 그 이유는 위에서 밝힌 바와 같이 모든 인간이 통전적 존재이기 때문이다. 복음주의 진영에서 인간에 대한 통전적 이해가 선교의 방식에 관한 논의에 미친 영향은 가난에 관한 그들의 논의에서 보다 구체적으로 드러난다. 대부분의 복음주의자들은 인간을 영적인 존재로 축소시켜 가난이 인간의 죄 때문에 발생했으며 이를 해결하기 위한 대안 역시 예수 그리스도를 통한 구원밖에 없음을 주장했었다. 그러나, 몇몇 복음주의자들에 의해 인간 존재의 의미를 제한적으로 이해하고 구원의 개념을 영적 차원으로만 환원시키려는 경향은 개선되었다. 사이더는 가난의 원인을 보다 포괄적인 관점에서 조망하며 자신의 잘못된 선택, 비성경적 세계관, 재난, 과학기술의 부족, 권력의 심각한 불평등, 잘못된 사회 정책과 구조 등으로 다양화시켰다. 즉, 가난의 근본적 이유는 죄로 인해 하나님과의 관계가 깨어진 데서 찾을 수 있지만, 사회적, 정치적, 경제적, 문화적 등 다양한 요소에 의해서도 발생할 수

---

50) "그러므로 우리가 믿음으로 의롭다 하심을 받았으니 우리 주 예수 그리스도로 말미암아 하나님과 화평을 누리자"(롬 5:1)

있음을 인식하고 그에 대한 대안을 제시했던 것이다.[51] 결국, 인간의 변화는 영적 차원에서만 필요한 것이 아니라 다양한 차원에서의 노력을 통해 온전해질 수 있기 때문에 통전적 선교 역시 복음 전도만이 아니라 보다 넓은 차원에서의 사회적 책임-가난의 문제를 예를 들면, 성실한 태도를 지니기 위한 훈련, 청지기에 관한 성경적 세계관 습득, 과학 기술의 발전, 사회 안의 양극화를 해소하기 위한 국가의 복지 서비스 확충, 평등의 가치를 구현하기 위한 분배 정책 확립 등-을 감당하려는 노력을 포함해야 한다는 결론에 이르게 되었다.

| 두 번째 목표: 정의의 구현

또한, 통전적 선교는 정의 구현의 목표를 지닌다. 이는 첫 번째 목표인 인간의 온전한 변화가 영적인 차원에서의 노력을 통해서만 이룰 수 없는 점과 깊은 연관이 있다. 성경은 두 가지 종류의 의로움을 추구한다. 우선, 개인적 차원에서의 의로움이다. 이는 인간을 영적인 존재로 인식하여 구원의 개념을 죄인으로부터 의인으로의 변화로 한정할 때 이해될 수 있다. 이때의 의는 영어로는 'righteousness'라는 단어로 표현된다.

그러나, 인간은 본질적으로 관계적이다. 죄 역시 관계적 개념이다. 그렇기 때문에, 죄인은 하나님과의 관계가 단절된 존재로 설명될 수 있으며 그를 둘러싼 공동체, 사회, 이웃, 또는 환경 등과의 단절도 뒤따른다. 이런 점에서 의로움 역시 관계적으로 이해 가능하다. 즉, 하나님과의 근본적인 관계만

---

51) 로날드 사이더/한화룡 역, 『가난한 시대를 사는 부유한 그리스도인』 (서울: IVP, 1997), 183-201.

이 아니라 이웃, 사회, 환경 등의 다양한 관계에서 구원을 의미를 되새길 때 의로움을 다르게 정의할 수 있게 된다. 이때의 구원은 개인적 차원의 의미에 머물지 않고 관계적 차원에서의 의미, 곧 '옳은 관계'(right relationship)의 형성을 의미한다고 볼 수 있다. 영어로는 'justice', 즉 정의라고 말할 수 있으며 성경은 이를 'tzedakah'라는 단어로 표현한다. 이처럼 통전적 선교는 개인의 영혼 구원만을 위해서가 아니라 그를 둘러싼 다양한 층위의 치유와 회복을 목적으로 삼는다. 옳은 관계 형성을 지향하는 통전적 선교의 목표는 단순히 새로운 관계를 만들어 내는 데 있지 않다. 사회적, 정치적, 역사적, 문화적으로 뒤틀리고 왜곡된 관계를 바로잡는 일까지 포함한다. 그렇기 때문에 통전적 선교는 말씀의 선포만이 아니라 구제, 개발, 치료와 치유, 경제적 자립, 정치적 옹호, 화해와 평화, 환경의 보전 등을 포함한다.

광의적 개념으로서 통전적 선교는 우주적 범위에서 옳은 관계의 형성 또는 회복을 추구한다. 즉, 개인들 사이의 관계로부터 창조 세계 전체의 샬롬까지 아우르는 "온전한 복음"(the Whole Gospel)을 추구한다는 것이다.[52] 에큐메니컬 진영에서는 1991년에 이미 인간 중심의 선교 정책을 비판하며 제기된 기후 변화에 대한 관심을 시작으로 1998년에는 생명 문화에 대한 논의가 시작되었고, 2013년 부산 총회에서는 생태 위기의 대안에 대한 논의가 활발히 이루어졌으며, 2022년 칼스루에에서는 결국 생태 정의에 관한 논의가 최고조에 달했다. 김서영에 따르면, 에큐메니컬 진영에서는 꾸준히 선교의 범위를 우주적 차원까지 넓히고자 노력해 왔으며 목표 역시 "정의와 샬롬을 향해 나아가는 데" 집중했다.[53]

---

52) 김서영·김신구·박종현 외 3인, 『현대선교신학의 주요 용어들』, 61.

53) Ibid., 286.

논의의 발전 과정은 사뭇 다르지만 복음주의 진영에서도 통전적 선교의 범위를 온 세계로 확장하여 모든 피조물들의 샬롬을 목표로 삼았던 점은 크게 다르지 않다. 생태 보전이 선교에 포함되어야 하는지에 대한 복음주의자들의 의견이 분분했지만 청지기에 대한 사명은 꾸준히 강조해왔고, 결국 2006년에 이르러 기후 위기에 대한 심각성을 인지하고 이에 관한 성명을 채택하게 되었다. 더욱 주목할 만한 대목은 2010년 케이프타운에서 개최된 제3차 로잔대회에서 발표한 창조 세계의 돌봄에 관한 서약이다. "창조 세계를 돌보는 것은 그리스도의 주되심을 나타내는 복음적 이슈"라는 선언을 골자로 하는 케이프타운 서약은 통전적 선교를 통해 구원의 범위를 고난 받는 모든 피조물까지 확대한 것은 물론 창조 세계의 돌봄을 선교의 주요 목표로 설정했다는 점, 그리고 이를 해결하고자 그리스도인들의 구체적인 실천까지 강조했다는 점은 복음주의 진영 역시 우주적 차원에서의 샬롬을 추구해 왔다는 것을 여실히 드러낸다.[54]

| 세 번째 목표: 하나님 나라 복음의 증인

통전적 선교가 이루고자 하는 마지막 목표는 우리 모두가 하나님 나라 복음의 증인이 되는 것이다. 반복해서 강조하듯 선교는 하나님이 주도하시는 일에 동참하는 것이다. 이때 우리의 사명이 구체화된다. 사도행전 1장 8절이 제시하듯 우리의 사명은 "예루살렘과 온 유대와 사마리아와 땅 끝까지 이르러 내(예수 그리스도) 증인"이 되는 것이다. 여기에는 크게 두 가지의 의미

---

54) Lousanne Movement, "케이프타운 서약," accessed 17 November 2025, https://lausanne.org/ko/statement/ctcommitment-ko

가 담겨 있다.

먼저, 다양한 차원에서 선교에 참여해야 한다는 것이다. 우리를 예루살렘, 유대, 사마리아, 그리고 땅 끝까지 보내신다는 선언은 단순히 물리적인 차원에서의 선교를 뜻하지 않는다. 이와 같은 이해는 통전적 선교가 지니는 의미를 제한하는 것과 같다. 오랜 역사 속에서 얽히고설킨 정치, 사회, 경제, 문화 등의 배경을 감안한다면 이스라엘 사람들의 안전지대인 예루살렘에서 벗어나 유대, 사마리아, 그리고 미지의 세계까지 간다는 것은 다양한 의미로 해석될 수 있다. 특히, 이스라엘과 사마리아의 역사적 관계를 되짚어 본다면 하나님의 보내심은 단순히 물리적 이동만이 아니라 역사적·정치적·사회적·문화적·정서적·심리적·영적 차원 등에서의 포괄적 의미를 지니며 단순히 복음 전도를 통한 회심이나 개종만이 아니라 용서, 화해, 치유, 개발, 구제, 옹호, 저항 등의 다양한 접근을 필요로 한다는 점을 확인할 수 있다.

또한, 예수 그리스도의 증인이 된다는 점에서 통전적 선교는 일이 아니라 삶이 되어야 한다는 당위성을 갖는다. 여기서 '증인'으로 번역된 'witness'라는 단어는 두 가지로 해석 가능하다. 일반적으로는 이를 '증거'라고 해석할 수 있다. 그러나, 통전적 선교의 관점에서 볼 때 이와 같은 번역은 적절하지 않다. 왜냐하면 '증거'는 복음 전도 중심의 전통적 선교가 지향하는 바와 일치하기 때문이다. 보다 넓은 관점에서 이를 '증인'으로 번역한다면 통전적 선교는 특정한 목표를 이루기 위해 행하는 일(work)의 차원을 넘어 일상의 자리에서 예수 그리스도가 누구이며, 그 분은 우리를 위해 무엇을 하셨으며, 왜 우리는 그 분을 따라 살아가야 하는지를 고민하는 삶(life)으로서의 선교에 동참해야 한다는 점을 깨닫게 된다. 즉, 통전적 선교는 우리의 선교적 삶을 통해 수행할 수 있으며 일상 생활 속에서도 하나님의 사역에 동참

현대선교신학의 주요 용어들 2

할 수 있게 된다.

선교적 상상력의 필요

지금껏 통전적 선교의 개념이 왜 등장했으며, 어떠한 과정을 통해 수용, 합의, 발전되었는지, 또한 무엇을 목표로 하는지에 대해 살펴보았다. 통전적 선교는 복음주의 진영이 최우선시하던 복음 전도 활동과 에큐메니컬 진영이 추구하던 사회적 책임의 감당이 기계적으로 결합하여 도출된 결과물이 아니다. 기독교 선교가 낳은 현실의 문제들을 목도하며 오랫동안 이루어진 선교 활동을 비판적으로 평가 및 반성하고 가장 적절한 방식으로 하나님의 일에 동참하고자 끊임없는 변화를 꾀했으며 앞으로 나아가야 할 미래를 올바르게 이룩하고자 한 노력의 결과물이다.

선교는 고정된 개념이 아니다. 선교의 본질은 변하지 않지만, 선교가 수행되는 현장으로서의 현실 세계는 끊임없이 변한다. 상황의 변화에 따라 선교의 형태와 방법 모두 변해야 한다고 주장한 에큐메니컬 진영의 사람들을 차치하고서라도 복음 전도의 최우선성을 고수하던 복음주의자들마저도 온전히 선교의 사명을 다하기 위해 통전적 선교로의 전환을 시도했다. 여기서 얻을 수 있는 의의가 있다면 통전적 선교가 "기독교의 신뢰도가 급락하여 위기를 맞았던 시기에 등장했던 것처럼 오늘날 우리 역시 선교의 개념, 목표, 그리고 방법의 변화가 요구되는 상황에 놓여 있다. 이러한 상황은 오늘날의 선교를 되돌아보며 온 세상과 모든 사람을 향한 하나님의 뜻을 어떻게 이루어 갈 수 있는지를 새롭게 상상할 것을 요청하고 있다는 점이다. 선교의 본질을 견지하면서도 이를 시대의 요구에 응답하는 방식으로 구현하려는 상상력을 발휘할 때, 우리는 통전적 선교가 이룩한 선한 열매를 다시 한 번 얻게 될 것이다.

선교는 교회의 확장이 아니
라, 하나님이 세상을 사랑하
시는 일에 동참하는 삶이다.
복음 전도와 사회적 책임은
그 사랑을 드러내는 서로 다
른 표현이며, 결코 분리될 수
없다.

제1장

- 김은수. 『현대 선교의 흐름과 주제』. 서울: 대한기독교서회, 2010.
- 박창현. "경계선을 넘는 선교적 성서해석." 「선교신학」 37(2014), 141-176.
- 방연상. 『타자와 책임: 종교적 성찰을 위하여』. 서울: 한들출판사, 2013.
- 크리스토퍼 J. H 라이트/정옥배·한화룡 옮김. 『하나님의 선교: 하나님의 선교 관점으로 성경 내러티브를 열다』. 서울: 한국기독학생회출판부, 2010.
- N. T. 라이트 외 14인/백지윤 옮김, 마이클 고힌 엮음. 『선교적 성경 해석학: 하나님의 선교를 위한 성경 읽기』. 서울: IVP, 2023.
- 마이클 W 고힌/이대헌 옮김. 『21세기 선교학 개론』. 서울: CLC, 2021.
- 데이비드 J 보쉬/김병길·장훈태 역. 『변화하고 있는 선교: 선교 신학의 패러다임 변천』. 서울: 기독교문서선교회, 2000.
- 에마뉘엘 레비나스/김도형·문성원·손영창 역. 『전체성과 무한: 외재성에 대한 에세이』. 서울: 그린비, 2018.
- 이용규. "타자를 향한 하나님의 자기비움: 비본질주의 신학의 단초." 「기독교사상」 717(2018), 91-95.
- 호켄다이크, J. C./이계준 역. 『흩어지는 교회』. 서울 : 대한기독교서회. 1982.
- Barram, Michael. "'Located' Questions for a Missional Hermeneutic." Gospel and Our Culture Network, Accessed November 17, 2025, http://www.gocn.org.
- Bergson, Henri. *Creative Evolution*. Translated by Arthur Mitchell. New York: Modern Library, 1944.
- Brownson, James V. "Speaking the Truth in Love: Elements of a Missional Hermeneutic." *International Review of Mission* 83(1994), 479-504.
- Flett, John G. *The Witness of God: The Trinity, Missio Dei, Karl Barth, and the Nature of Christian Community*. Grand Rapids: Eerdmans, 2010.
- Foucault, Michel. *Discipline and Punish: The Birth of the Prison*. Translated by Alan Sheridan. New York: Vintage Books, 1995.
- Guder, Darrell L. "From Mission and Theology to Missional Theology." *Princeton Seminary Bulletin* 1(2003), 36–54.
- Gunton, Colin E. *The One, the Three and the Many: God, Creation and the Culture of Modernity*. Cambridge: Cambridge University Press, 1993.
- Hall, Stuart. "Cultural Identity and Diaspora." In *Identity: Community, Culture, Difference*, edited by Jonathan Rutherford, 222–237. London: Lawrence & Wishart, 1990.

• Hunsberger, George R. "Proposals for a Missional Hermeneutic: Mapping a Conversation." *Missiology: An International Review* 39(2011), 309-321.

• Nietzsche, Friedrich. "On Truth and Lies in a Nonmoral Sense." In *Philosophy and Truth: Selections from Nietzsche's Notebooks of the Early 1870s*, 80-97. New Jersey: Humanities Press, 1979.

• Sunquist, Scott W. "World Christianity Transforming Church History." In *World Christianity: Perspectives and Insights: Essays in Honor of Peter C. Phan*, edited by Jonathan Y. Tan and Anh Q. Tran, 35–52. Maryknoll, NY: Orbis Books, 2016.

• Tan, Jonathan Y., and Anh Q. Tran, eds. *World Christianity: Perspectives and Insights*. Maryknoll, NY: Orbis Books, 2016.

• Taylor, Mark C. *Erring: A Postmodern A/Theology*. Chicago: University of Chicago Press, 1984.

• Yong, Amos. *The Spirit Poured Out on All Flesh: Pentecostalism and the Possibility of Global Theology*. Grand Rapids: Baker Academic, 2005.

• Zurlo, Gina A., Todd M. Johnson, and Peter F. Crossing. "World Christianity 2025: Regional Perspectives." *International Bulletin of Mission Research* 49(2025), 62-74.

제2장

• 구본경. "공공성 실천의 주체로서의 교회: 교회 상담 센터를 중심으로." 「신학과 실천」 94(2025), 215-239.

• 김병석. "나노사회의 설교강단에서 실천적 커뮤니케이션에 관한 연구." 「신학과 실천」 86(2023), 61-83.

• 김승환. "공공신학 관점에서 바라본 공적 목회론에 관한 연구." 「신학과 실천」 86(2023), 913-937.

• ______. "도시 재생 사업과 도시교회의 공적 참여에 관한 연구." 「신학과 실천」 83(2023), 571-595.

• 김신구. "하나님의 선교를 위한 하나님 나라 개념 연구 (1): 선지자적 전통과 예수 가르침의 통합을 통한 성경신학적 기초 정립." 「신학과 실천」 94(2025), 773-798.

• ______. "하나님 나라 개념 연구 (2): 현대선교신학적 이해와 실천적 확장." 「신학과 실천」 96(2025), 753-784.

• ______. 『통섭적 목회 패러다임』. 고양: 나눔사, 2023.

• 김아영. "십자가의 환대의 관점에서 본 국내 무슬림 난민 사역." 「선교신학」 58(2020), 42-78.

• 김영동. "디아스포라 선교학 틀에서 본 한인 디아스포라 교회의 선교신학적 과제." 「장신논단」 49(2017), 337-364.

• 김종성. "예수 전승에 나타난 하나님 나라에 대한 선교적 이해." 「선교신학」 39(2015), 147-180.

• 도널드 맥가브란/최동규 외 4인 역. 『교회성장 이해』. 서울: 대한기독교서회, 2017.

● 르네 빠딜라/이문장 역.『복음에 대한 새로운 이해』. 대전: 대장간, 2012.

● 마이클 키나몬 & 안토니오 키레오풀로스 편저/이형기 역.『에큐메니칼 운동』. 서울: 한들, 2013.

● 마이클 프로스트 & 앨런 허쉬/지성근 역.『새로운 교회가 온다』. 서울: IVP, 2016.

● 브래드 하퍼 & 폴 루이스 메츠거/이상은 역.『복음주의 교회론』. 서울: CLC, 2019.

● 석진성. "시편 1권에 나타난 창조 주제의 신학적/해석학적 기능."「ACTS 신학저널」38(2018), 41-75.

● 스캇 맥나이트/박세혁 역.『예수 왕의 복음』. 서울: 새물결플러스, 2017.

● 신현우. "예수의 하나님 나라 선포: 마가복음 1:14-15 연구."「신약연구」35(2014), 425-457.

● 아서 글라서/임윤택 역.『성경에 나타난 하나님의 선교』. 서울: 새물결플러스, 2017.

● 안승오.『로잔운동의 좌표와 전망』. 서울: CLC, 2023.

● 에두아르트 로제/박두환 역.『신약성서신학』. 서울: 한국신학연구소, 2002.

● 이박행·양현표 책임편집.『겸직 목회』. 서울: 솔로몬, 2022.

● 조은하·한국일·김도일.『마을목회 유형별 사례와 신학적 성찰』. 서울: 대한기독교서회, 2024.

● 조종남.『세계 복음화를 위한 로잔운동의 역사와 신학』. 서울: 선교횃불, 2024.

● 조지 래드/원광연 역.『하나님 나라』. 파주: 크리스천다이제스트, 2016.

● 존 하워드 요더/신원하·권연경 역.『예수의 정치학』. 서울: IVP, 2007.

● 찰스 밴 엥겐/임윤택 역.『하나님의 선교적 교회』. 서울: CLC, 2014.

● 크리스토퍼 라이트/정효진 역.『하나님의 선교, 세상을 바꾸다』. 서울: IVP, 2024.

● 톰 라이트/윤종석 역.『톰 라이트가 묻고 예수가 답하다』. 서울: 두란노, 2013.

● ______ /최현만 역.『하나님은 어떻게 왕이 되셨나』. 평택: 에클레시아북스, 2013.

● 하워드 스나이더/최형근 역.『교회 DNA』. 서울: IVP, 2006.

● 황종하. "한국교회의 효과적인 다문화 목회 전략."「선교신학」58(2020), 412-450.

● Bass, Diana Butler. *Christianity for the Rest of Us: How the Neighborhood Church Is Transforming the Faith*. San Francisco: HarperOne, 2006.

● Bell, Daniel M. "State and Civil Society." In *The Blackwell Companion to Political Theology*, edited by Peter Scott and Wiiliam T. Cavanauggh. Oxford: Blackwell, 2004.

● Bosch, David J. *Transforming Mission*. Maryknoll, NY: Orbis Books, 1991.

● ______ . *Witness to the World*. Atlanta: John Knox, 1980.

● Brueggemann, Walter. *The Prophetic Imagination*. Philadelphia: Fortress Press, 1978.

● Campbell, Heidi A., ed. *Digital Religion*. New York: Routledge, 2013.

● Cullmann, Oscar. *Christ and Time*. London: SCM, 1946.

● ______ . *Salvation in History*. London: SCM, 1967.

   현대선교신학의 주요 용어들 2

• Hunter III, George G. *The Contagious Congregation: Frontiers in Evangelism and Church Growth*. Nashville: Abingdon Press, 1979.

• Ladd, George E. *The Presence of the Future*. Grand Rapids MI: Eerdmans, 1974.

• Moltmann, Jürgen. *The Church in the Power of the Spirit: A Contribution to Messianic Ecclesiology*. Translated by Margaret Kohl. New York: Harper & Row, 1977.

• Newbigin, Lesslie. *The Open Secret*. Grand Rapids: Eerdmans, 1995.

• Tveit, Olav Fykse. "To Walk with an Open Heart: Some Directions for the Ecumenical Movement in the 21st Century." In *That They All May Be One: Selected Sermons, Speeches, and Articles, September 2009 to January 2011*. Geneva: WCC, 2011.

• Van Gelder, Craig. *The Ministry of the Missional Church*. Grand Rapids, MI: Baker Books, 2007.

• Vos, Geerhardus. *The Teaching of Jesus Concerning the Kingdom of God and the Church*. N.Y.: American Tract Society, 1903.

• Wan, Enoch, and Sadiri Joy Tira, eds. "Diaspora Missiology and Missions in the Context of the 21st Century." *Torch Trinity Journal* 13/1(May 2010), 46-57.

• WCC. *An Ecumenical Call to Just Peace*. Geneva: WCC, 2011.

• ______. *The Church: Towards a Common Vision*. Geneva: WCC Publications, 2013.

• Wessels, Wilhelm J. "Old Testament Theology; Israel's Faith (vol 2), J. Goldingay: Book Review." *Old Testament Essays* 21(2008), 751-753.

• World Evangelical Fellowship. "Social Transformation: The Church in Response to Human Need: Wheaton '83 Statement." *Transformation* 1(1984), 23-28.

• Wright, Christopher J. H. *The Mission of God*. Downers Grove, IL: IVP, 2006.

• Wright, N. T. *Surprised by Hope*. N.Y.: HarperOne, 2007.

• Hess, Rick. "Old Testament Theology. Volume Two. Israel's Faith." *Denver Journal* (March 2008). accessed April 2, 2025, https://denverjournal.denverseminary.edu/the-denver-journal-article/old-testament-theology-volume-two-israels-faith/.

제3장

• 강보영. "하나님의 선교(Missio Dei)와 바울: '바울의 선교'에서 '선교의 바울'로의 관점 전환을 모색하며." 「선교신학」 42(2016), 9-39.

• 김세윤. 『요한복음 강해』. 서울: 두란노, 2001.

• 김종성. 『삼위일체 하나님의 선교 패러다임』. 서울: 한들, 2022.

• 김회권. "존 스토트(John R.W. Stott)의 복음주의와 그 신학적 유산과 영향에 대한 비판적 소고." 「장신논단」 53(2017), 115-145.

• 게르하르트 폰 라드/박재순 역. 『국제성서주석 창세기』. 서울: 한국신학연구소, 1981.

• 낸시 드클라이세 왈포드 & 롤프 제이콥슨 & 베스 라닐 테너/강대이 역. 『NICOT 시편』. 서울: 부흥과개혁사, 2019.

• 레슬리 뉴비긴/홍병룡 역. 『다원주의 사회에서의 복음』. 서울: IVP, 2007.

• 마이클 W. 고힌/이종인 역. 『교회의 소명』. 서울: IVP, 2021.

• ______ / 이대헌 역. 『21세기 선교학 개론』. 서울: CLC, 2021.

• 박보경. "로잔운동에 나타난 전도와 사회적 책임의 관계." 「복음과 선교」 22(2013), 9-43.

• 백충현. "로잔운동에서 크리스토퍼 라이트의 '하나님의 선교'(the Mission of God)에 관한 연구." 「신학사상」 196(2022), 167-191.

• 신득일. 『구약정경론』. 서울: 생명의 양식, 2011.

• 성석환. "한국적 '선교적 교회(Missional Church)'의 실천을 위한 '하나님의 선교(Missio Dei)'의 재구성." 「선교와 신학」 64(2024), 75-107.

• 아서 글라서/임윤택 역. 『성경에 나타난 하나님의 선교』. 서울: 생명의 말씀사, 2016.

• 안승오. "교회성장학의 관점에서 본 에큐메니칼 신학 이해." 「선교와 신학」 27(2011), 79-107.

• ______ . 『로잔운동의 좌표와 전망 왜? 어떻게? 어디로?』. 서울: CLC, 2023.

• 이대헌. "하나님의 선교와 선교적 해석학." 「선교신학」 41(2016), 291-326.

• 이마리아. "개혁주의 구속사적 관점에서 본 선교적 성경읽기와 리더십 형성에 대한 신학적 탐구." 「복음과 선교」 70(2025), 217-265.

• 에드워드 J. 우즈/김정훈 역. 『신명기-틴데일 구약주석 시리즈5』. 서울: CLC, 2016.

• 요하네스 블라우/전재옥·전호진·송용조 역. 『교회의 선교적 본질』. 서울: 한국장로교출판사, 2016.

• 월터 카이저/임윤택 역. 『구약성경과 선교』. 서울: CLC, 2005.

• 정미현. "하나님의 선교?-칼 바르트에게 그 의미를 묻다." 「한국조직신학논총」 29(2011), 67-98.

• 존 스토트/김명혁 역. 『현대기독교 선교』. 서울: 성광문화사, 1999.

• 존 스토트 & 크리스토퍼 라이트/김명희 역. 『선교란 무엇인가』. 서울: IVP, 2018.

• 찰스 E. 밴 엥겐/임윤택 역. 『하나님의 선교적 교회』. 서울: 기독교문서선교회, 2014.

• 최형근. "제3차 로잔 특집 로잔복음화 운동과 한국교회 대회 케이프타운 서약의 특징과 의의." 「복음과 선교」 22(2013), 113-150.

• ______ . "하나님의 선교(Missio Dei)에 대한 통전적 고찰." 「선교신학」 10(2005), 41-71.

• 크레이그 밴 겔더/최동규 역. 『교회의 본질』. 서울: CLC, 2015.

• 크리스토퍼 라이트/정효진 역. 『하나님의 선교, 세상을 바꾸다』. 서울: IVP, 2024.

현대선교신학의 주요 용어들 2

• 콜린 G. 크루즈/배용덕 역. 『틴데일 신약주석 요한복음』. 서울: 기독교문서선교회, 2013.

• 하워드 스나이더/최형근 역. 『교회 DNA』. 서울: IVP, 2006.

• 황영익. 『레슬리 뉴비긴과 칼빈의 선교적 대화』. 의정부: 드림북, 2015.

• 2010년 제3차 로잔대회 공식문서. 『케이프타운 서약』. 서울: IVP, 2023.

• 국립국어원. "선교," 표준국어대사전. 접속 2025년 3월 18일. https://stdict.korean.go.kr/search searchResult.do#none.

• 황기수. "선교적 교회'의 토착화 가능성을 향한 정진." 접속 2025년 9월 3일. 「웨슬리안타임즈」. https://www.kmcdaily.com/news/articleView.html?idxno=1446.

• Bauer, Walter&Danker, Frederick W. *A Greek-English lexicon of the New Testament and other early Christian literature*. Chicago: University of Chicago Press, 2000.

• Bosch, David J. *Transforming Mission: Paradigm Shifts in Theology of Mission*. Maryknoll: Orbis Books, 1991.

• Bruce, F. F. *The Epistles to the Ephesians and the Colossians: The New International Commentary on the Old and New Testament*. Grand Rapids: Eerdmans Publishing, 1957.

• Ford, Lance & Brisco, Brad. *The Missional Quest: Becoming a Church of the Long Run*. Downers Grove, IL: IVP, 2013.

• Franke, John R. *Missional Theology: An Introduction*. Grand Rapids: Baker, 2019.

• George, Timothy. *Galatians: The New American Commentary Vol 30*. Nashville: Broadman&Holman Publishers, 1994.

• Kaiser Jr., Walter C. *Mission in the Old Testament*. Grand Rapids: Baker, 2000.

• Newbigin, Lesslie. *The Open Secret: An Introduction to the Theology of Mission* Grand Rapids: Eerdmans, 1995.

• Polhill, John B. *Acts: The New American Commentary vol 26*. Nashville: Broadman & Holman Publishers, 1992.

• Van Gelder, Craig & Zscheile, Dwight J. *The missional church in perspective*. Grand Rapids: Baker, 2011.

• Witherington III, Ben. *The Acts of the Apostles: a socio-rhetorical commentary*. Grand Rapids: Eerdmans, 1988.

• Wright, Christopher J. H. *The Mission of God: Unlocking the Bible's Grand Narrative*. Downers Grove, IL: IVP, 2006.

제4장

- 김균진. 『기독교조직신학 II』. 서울: 연세대학교출판부, 1987.
- 김신구. "고령화 시대 치매 환자를 위한 성육신적 접근과 돌봄 전략 연구." 「선교신학」 77(2024), 72-112.
- ______. "통전적 선교를 위한 현대교회의 성육신적 모습." 「선교신학」 57(2020), 37-67.
- 월터 브루그만/이신건 옮김, 『예언자적 상상력』. 서울: 한국기독교연구소, 2003.
- 임희모. "하나님 나라를 세우는 한국 교회의 성육신적 제자도 선교." 「선교신학」 63(2021), 221-262.
- 정다운. "요한복음의 기독론적 성전 신학 - 성육신에 나타난 성전 모티프를 중심으로." 「한국개혁신학」 75(2022), 177-212.
- 최동규. "성육신의 관점에서 본 선교적 교회의 상황화." 「선교신학」 42(2016), 287-322.
- 한정훈. 『요한복음과 성육신 신학』. 서울: 대한기독교서회, 2016.
- Augustine. *De Trinitate*. In *Nicene and Post-Nicene Fathers, First Series, Vol. 3. Grand Rapids*, MI: Eerdmans, repr. 1989.
- Barth, Karl. *Church Dogmatics IV/1*. Edinburgh: T&T Clark, 1956.
- Bevans, Stephen B. *Models of Contextual Theology*. Maryknoll, NY: Orbis Books, 1992.
- Bosch, David J. *Transforming Mission: Paradigm Shifts in Theology of Mission*. Maryknoll, NY: Orbis Books, 1991.
- Brown, Raymond E. *The Gospel According to John I-XII*. New York: Doubleday, 1966.
- ______. *The Gospel According to John XIII-XXI*. New York: Doubleday, 1970.
- Brueggemann, Walter. *The Prophetic Imagination*. Minneapolis: Fortress Press, 2001.
- ______. *Theology of the Old Testament: Testimony, Dispute, Advocacy*. Minneapolis: Fortress Press, 1997.
- Bultmann, Rudolf. *The Gospel of John: A Commentary*. Philadelphia: Westminster Press, 1971.
- Frost, Michael. *Incarnate: The Body of Christ in an Age of Disengagement*. Downers Grove, IL: IVP, 2014.
- Glasser, Arthur. *Announcing the Kingdom: The Story of God's Mission in the Bible*. Grand Rapids, MI: Baker Books, 2003.
- Gunton, Colin. *The Promise of Trinitarian Theology*. London: T&T Clark, 1997.
- Hiebert, Paul G. "Critical Contextualization." *International Bulletin of Missionary Research* 11(1987), 104-112.
- Hoekendijk, J. C. "The Church in Missionary Thinking." *International Review of Mission* 41(1952), 324-336.
- K östenberger, Andreas J. *John*. Grand Rapids, MI: Baker Academic, 2004.

• Moltmann, Jürgen. *The Church in the Power of the Spirit*. London: SCM Press, 1977.

• ______. *The Way of Jesus Christ: Christology in Messianic Dimensions*. London: SCM Press, 1990.

• O'Collins, Gerald. *Christology: A Biblical, Historical, and Systematic Study of Jesus*. Oxford: Oxford University Press, 1995.

• Rahner, Karl. *Foundations of Christian Faith*. New York: Crossroad, 1982.

• Van Gelder, Craig. *The Essence of the Church: A Community Created by the Spirit*. Grand Rapids, MI: Baker Books, 2000.

• Volf, Miroslav. *After Our Likeness: The Church as the Image of the Trinity*. Grand Rapids, MI: Eerdmans, 1998.

• Wells, Samuel. *Incarnational Mission: Being with the World*. Grand Rapids, MI: Eerdmans, 2018.

• Wright, Christopher J. H. *How God Became King: The Forgotten Story of the Gospels*. New York: HarperOne, 2012.

• ______. *Surprised by Hope*. New York: HarperOne, 2008.

• ______. *The Mission of God: Unlocking the Bible's Grand Narrative*. Downers Grove, IL: IVP Academic, 2006.

제5장

• 김명용. 『이 시대의 바른 기독교 사상』. 서울: 장로회신학대학교 출판부, 2001.
• 김수미. "통전적 선교: 복음 선포와 증명의 조화."「복음과 선교」 29(2015), 11-46.
• 김영동. "전도와 사회봉사."「선교와 신학」 7(2001), 113-141.
• 데이비드 J. 보쉬/김병길, 장훈태 공역. 『변화하고 있는 선교』. 서울: 기독교문서선교회, 2000.
• 로날드 J. 사이더/이상원, 박현국 공역. 『복음전도와 사회운동: 총체적 복음을 위한 선행 신학』. 서울: CLC, 1993.
• 로날드 J. 사이더/한화룡 역. 『복음 전도, 구원, 사회 정의』. 서울: IVP, 1987.
• 박보경. "로잔운동에 나타난 전도와 사회적 책임의 관계."「복음과 선교」 22(2013), 9-43.
• 박한별. "환대로서의 선교."「성결교회와 신학」 50(2023), 141-156.
• 변창욱. "미션 모라토리엄에 대한 이해와 오해: 존 가투(John Gatu) 제안의 역사적 배경을 중심으로."「선교와 신학」 64(2024), 231-268.
• 안승오. "통전적 선교신학의 태동과 전망."「복음과 선교」 15(2011), 165-192.
• ______. 『로잔운동의 좌표와 전망』. 서울: CLC, 2023.
• 김서영·김신구·박종현 외 3인. 『현대선교신학의 주요 용어들』. 서울: 플랜터스, 2025.
• Baik, Chun-Hyun. "A Critical Analysis of the Concept of Missio Dei: Suggestions for a Trinitarian Understaning," *NZSTh* 63(2021), 329-340.

• C. Hoekendijk, Johaness. *The Church Inside Out*, trans., Issac C. Rottenberg. Philadelphia: The Westminster Press, 1966.

• C. Rene Padilla. "로잔 언약" in *Mission Integral*. 홍인식 역. 『통전적 선교』. 서울: 나눔사, 1994.

• Chung, Mee-Hyun. "Missio Dei? The Meaning of Karl Barth's Theology for Missio Dei." *Korean Journal of Systematic Theology* 29(2011), 67-98.

• ______. "Convergence and Divergence between Karl Barth and Karl Hartenstein." *Korean Journal of Systematic Theology* 33(2012), 349-386.

• F. Vicedom, George. *The Mission of God: An Introduction to a Theology of Mission*. Saint Louis: Concordia Publishing House, 1965.

• G. Flett, John. *The Witness of God: The Trinity, Missio Dei, Karl Barth, and the Nature of Christian Community*. Grand Rapids: Eerdmans, 2010.

• J. Bosch, David. *Witness to the World*. Eugene, OR: Wipf & Stock Publishers, 1980.

• ______. *Transforming Mission: Paradigm Shifts in Theology of Mission*. Maryknoll, NY: Orbis Books, 1991.

• ______ . "Reflection on Biblical Models of Mission" in *Toward the Twenty-First Century in Christian Mission*, ed., John M. Phillips and Robert T. Coote. Grand Rapids: Eerdmans, 1993.

• L. Lehmann, Paul. "The Missionary Obligation of the Church." *Theology Today* 9(1952), 20-38.

• L. Smither, Edward. *Mission as Hospitality: Imitating the Hospitable God in Mission*. Eugene, OR: Cascade Books, 2021.

• Lousanne Movement, "케이프타운 서약," accessed 17 November 2025, https://lausanne.org/ko/statement/ctcommitment-ko

• Norman Goodall. ed. *Missions under the Cross*. London: Edinburgh House Press, 1953.

• Stott, John. *Christian Mission in the Modern World*. Downers Grove: IVP, 1975.

• ______ . *The Contemporary Christian: Applying God's word to today's world*. Downers Grove, IVP:1992.

• ______ . ed. *Evangelism and Social Responsibility: An Evangelical Commitment*. Grand Rapids, MI: Paternoster Press, 1982.

현대선교신학의 주요 용어들 2

초판 1쇄 발행 2026년 4월 13일

글쓴이 김신구 전사하 오경환 박군오 박한별

펴낸이 박종현

펴낸곳 플랜터스

출판등록 2020년 4월 20일 제63호

주소 서울시 송파구 오금로 46길 41, 5층

전화 02-2043-7942. 팩스 070-8224-7942

전자우편 books@planters.or.kr

홈페이지 www.plantersbooks.com

ISBN 979-11-997719-3-2

플랜터스는 좋은 가치를 심습니다.

이 책은 자연을 사랑하는 마음으로 친환경 재생용지를 사용해 제작했습니다.